U0654291

语料库翻译学文库

受2015年度教育部人文社科研究规划基金项目（15YJA740009）的资助

语料库与Python应用

管新潮◎著

上海交通大学出版社
SHANGHAI JIAO TONG UNIVERSITY PRESS

内容提要

本书以如何在语料库的教与学及其应用与科研中习得 Python 能力的逻辑关系为线索,描述了 Python 的价值、意义和作用,并将内容组合成可有效助力 Python 能力习得的三个层次。第一层次是掌握与语料库相关的基础性代码;第二层次是活学活用这些基础性代码;第三层次是以创新方式运用这些代码去解决与语料库相关的较为复杂的问题。Python 是语料文本处理的利器,需要在一定的理念指导下方可充分理解其在特定领域内所呈现的特征,而本书的首要目标就是帮助读者去运用这一"语言 + 技术"理念,其次才是 Python 技术本身。

本书的适用读者是那些设想从语料库中挖掘出更多信息的文科生、文科教师或相关的研究人员。

图书在版编目(CIP)数据

语料库与 Python 应用/ 管新潮著. —上海: 上海
交通大学出版社,2018(2022 重印)
(语料库翻译学文库)
ISBN 978 - 7 - 313 - 19748 - 1

Ⅰ.①语… Ⅱ.①管… Ⅲ.①软件工具-程序设计-
应用-语料库-研究 Ⅳ.①H0 - 39

中国版本图书馆 CIP 数据核字(2018)第 160808 号

语料库与 Python 应用

著　者:管新潮
出版发行:上海交通大学出版社　　　　　　　　　　地　址:上海市番禺路 951 号
邮政编码:200030　　　　　　　　　　　　　　　　电　话:021 - 64071208
印　制:上海盛通时代印刷有限公司　　　　　　　经　销:全国新华书店
开　本:710 mm×1000 mm　1/ 16　　　　　　　印　张:14
字　数:236 千字
版　次:2018 年 7 月第 1 版　　　　　　　　　　印　次:2022 年 10 月第 4 次印刷
书　号:ISBN 978 - 7 - 313 - 19748 - 1
定　价:58.00 元

版权所有　侵权必究
告读者:如发现本书有印装质量问题请与印刷厂质量科联系
联系电话:025 - 83657309

前　言

　　"语料库+"时代仿佛是人间四月天,此时此刻完成本书的写作,有如春风拂煦、绿色满园,好不惬意。其实,写作本书的目的就是设想在万物皆生长的时节里,为"语料库+"烹饪出一道别样的美食。品味其色香,思量其作用,希望以此能够制造出更多"语料库+"的机会,让人思考,给人希望,使人进步。在这个现代技术充斥着人们生活的社会,写作本书的初衷是想展示一种技术的逻辑思维,让语言与技术能够实现更美好的结合,呈现出更多令人难以忘怀的语言技术机会。

　　在学界,语料库的发展的确让人看到了诸多希望和机会,在业界也是同样的道理和机遇。记得有一位国外学者在一次国际会议上曾说:"Corpus data can go only so far on their own, but corpus techniques will continue to play a vital role in combination with a range of other approaches and methods." 细看来,本书也是一次尝试,尝试着拓展相关的机会,尝试着让文科生在面对纯技术思维的业者时拥有更加笃定的话语表达权。故此本书的适用对象设定为文科生,而且还将 Python 所要研究或处理的对象限定为语料库,意在增强文科生对 Python 的好感,感受其为语料库研究和应用所能带来的利好。

　　本书作者曾在《语料库与翻译》一书中提出了若干问题,如语料库检索和分析工具欠缺、软件编码格式不一致、术语提取准确性不足、技术工具融合应用等问题。这一次写作本书,在一定程度上为这些问题给出了初步的答案。如相关工具欠缺问题,这为 Python 施展其功用带来了机会,因为既有语料库工具的功能随着工具的定型成为"有限",而 Python 编程所能开发的功能却是无限的;又如术语提取问题,其所适用的是用于提取多连词的工具包,书中的案例为此提供了一个较好的解决方案;再如技术工具融合问题,这一点已准确反映在 Python 的使用理念之中，即增强人们的逻辑思维能力。

因此，本书的特色有三：

- 一是聚焦于语料库。所有的代码、代码段或代码块均围绕语料库这一主题展开，所处理的对象是语料库研究过程需要面对的各种相关问题。

- 二是语言＋技术＋法律三位一体。这意味着案例的解释都包含了三方面的要素，而非从纯粹的技术角度出发。所选择的语料也多是法律文本，目的是为了呈现法律文本的语篇特征，即以法律文本通过技术研究获取其语言学方面的特征信息。

- 三是深入浅出，易学易用。本书强调"编程"并非是工科专业的"专利"，文科生同样可以学会编程，而且能够编写出更为细腻、更利于语言学处理的代码。再者，阅读本书至少可习得一种能力，即读懂代码的能力，就像学会一门自然语言一样。

本书的写作过程其实就是一个教与学的过程。所编写的程序均以语料库语言学和翻译学领域的问题为处理对象，这种问题导向的思路可以更加贴近学生的所思所想。在实施过程中，先确定需要解决的语言学问题，明确之后再展开编程工作。而在完成代码编写后，又将代码直接交由学生进行测试，去检验相关问题，即相关案例的语言学意义是否真实，解决了什么样的语料库语言学和翻译学问题，相关代码可否进一步实施优化，等等。

依据这一过程，我们将本书内容编排为三个层次，这是本书的知识组合架构，也是学生学习 Python 编程的三个阶段（对应本书的上、中、下三篇）：

- 第一阶段是熟悉 Python 应用于语料库的基础性代码，试看 Python 能够解决哪些与语料库相关的基础性问题。这一阶段出现的代码就像是一些基本公式，而且是以人们所熟知的语言形式来表述的。记住：理解这些代码的含义和作用，而无须死记硬背。

- 第二阶段是以第一阶段所熟知的代码去解决真实的语料库问题，如语篇词汇特征、现有语料库工具所能解决的问题等。这一阶段旨在牢固掌握基础性代码的编程运用。

- 第三阶段是借用与创新并存，讲求代码的创造性应用，也就是说如何去解决语料库语言学和翻译学领域中未知的或需要优化解决的问题。相关案例均源于语料库研究和应用实践：有的是为了获取更为可靠的数据而设置，有的则是在阅读相关论文后设置的，目的在于使案例更具语言学意义，等等。

中篇和下篇的案例所涉代码已经能够解决语料库研究和应用中的实际问题，但这也绝不意味着相关代码已没有需要继续优化的可能。这或许正是 Python 的魅力之所在，我们会努力发现能够更为有效解决问题的新工具包，使之前费力编写的代码可瞬间替换为一两行代码。Python 的魅力还在于其应用对象不仅仅是语言学本体，还在于通过编程可以揭示诸如 Alzheimer 症所能体现出的语言学规律性问题。后者的意义已经远超语料库研究本身。

为了撰写本书，我们特意组建了一个临时团队，意在有的放矢地解决论文写作过程中出现的各种问题，在此特别感谢他们的辛劳付出：上海交通大学的郭鸿杰老师，为解决语言学方面的问题提供了学术支撑；上海交通大学的金毅老师，为算法设计提供了技术逻辑支持；上海交通大学外国语学院 2016 级 MTI 的王天奇同学（4 个代码案例）和 2018 级 MTI 的李建林同学（1 个代码案例），为代码的创造性应用编写了若干相关的代码案例。参与本书代码测试的同学除了前述两位，还有上海交大外国语学院和东南大学外国语学院的部分 2017 级 MTI 研究生。

作为一次尝试，每当编写完成一段可有效执行的代码之时，那完全就是一次可喜的体验，极具成就感。但多数情况下，还是需要测试再测试，才能完成既定任务。所以，不足之处在所难免，还敬请学界业界同仁不吝赐教，可以使本书所涵盖的知识能够得到进一步的升华。

管新潮

2018 年 4 月 21 日于上海

目　录

第 3 章　语料库应用的基础性代码

中篇 基础性代码的组合使用

下篇 Python 探索路径

第 8 章 Python 的语料库拓展应用　　159

附录 1 与本书相关的加载模块与函数命令对应表　　194

附录 2 Python2 和 Python3 部分代码对比　　197

附录 3 部分 NLTK 固有语料库　　200

附录 4 汉英对照术语表　　203

索引　　207

第1章
绪　论

1.1　语料库与 Python

1.1.1　语料库的若干维度

　　现今社会,语料库的作用已不言而喻,无论是学校教学科研还是相关的社会生产实践都离不开它。语料库规模大小不一。一般而言,社会生产实践所使用的语料库其规模要远远大于学界所使用的。如华为公司的一亿句对平行语料库,从平均字词统计看,其规模可达几十亿字词,这是学界语料库难易企及的规模。从严格意义上说,学校教学科研所使用的语料库可能都属于封闭语料库,有着较为严格的语料库边界限制,不仅是规模上的限制,还有语料内容等方面的限制。这种限制有时较为宽松,如平衡语料库,但有时却是极其严格的,如针对知识产权这一法律子体系的研究,可将语料文本对象限定为著作权法、商标法、专利法、反不正当竞争法文本。因此,为提升学习和实践应用的有效性,本书所使用的语料库对象均指封闭语料库。

　　语料库还有单、双语和多语之分。单语语料库仅指由单语语料文本构成的语料库,而双语语料库的语言为两种,多语语料库是指三种或以上语言构成的语料库。双语语料库可分为双语可比语料库和双语平行语料库,前者的两种语料文本之间不存在翻译关系,但两者在内容上有着极大的关联性,后者的两种语料文本之间存在翻译关系,可在语料文本之间实现句级、语块级甚至是词汇级的平行对等。双语平行语料库还有单向和双向之分,即仅有从一种语言到另一种语言的翻译关系的语料库为单向双语平行语料库,有着双向翻译关系的语料库则为双向双语平行语料库。另外,两个单语语料库也可构成单语可比语料库,其前提是两个单语语料库均为同一种语言语料。多语语料库既可以是多个单语可比语料库,也可以是一种源语加上多个译语或者是多个双语平行语料库,等等。例如,欧洲议会平行语料库就是一个多语平行语料库,其语种涵盖欧盟各国的语言。又如,可将《中华人民共和国著作权法》英译文、《德国著作权法》英译文和《美国版权法》原文三者构成一个单语可比语料库,研究其中的大陆法系、普通法系、中国特色社会主义法系三者在著作权法/版权法方面的法律用语区别。

在互联网使用已极为广泛的当下,可以说语料库的创建已几乎无难处。按创建难易度计,单语语料库最为容易,双语平行语料库较难,最难的当属多语之间均实现平行对应的语料库或者是一对多的平行语料库。双语平行语料库的创建难易度也与文本类型有关,如文学类和法律条款类的对齐难易有时竟有天壤之别。从现有的语料库创建技术看,语料对齐是关键,而且语料对齐还有句级对齐或词汇级对齐之分。创建语料库的关键还在于为何目的创建语料库,即创建能够达成应用目的的语料库即可,所需关注的是语料的代表性、权威性、系统性。

学界对语料库的研究与应用有着高度的关注,相比之下,语料库的质量问题似乎并未引起学界的足够重视。业界虽对语料库质量有所关注,但苦于受限于技术瓶颈而无突破性进展。小规模语料库可以在人工介入之下提高质量,但大规模语料库想要实现语料库质量提升则绝无这种人工介入的可能,这呼唤着技术的进步。但语料库的质量问题也绝非仅仅是纯技术问题,问题的解决或质量的提升均需要语言学和翻译学知识融入其中。

语料库自诞生之日起就离不开相关技术工具的助力应用。现有的技术也为语料库的研究与应用提供了不少的选择,如 WordSmith 或 AntConc 等单语应用工具以及 ParaConc 等的双语应用工具,又如 Xbench 等句对质量保证工具,再如汉语的分词工具,等等。请注意,语料库技术工具的开发和应用必须考虑到语言学知识本身,未顾及语言学本体知识的技术工具不可能成为强有力的语料库工具。因技术等原因,现有的涉及语料库开发、研究与应用的相关参数或工具手段似乎无法满足人们对语料库所寄予的厚望,这又极大地阻碍了语料库研究与应用的发展。

1.1.2 语料库的技术实现

目前可供各种语料库类型使用的技术工具已有较多的选择。既然如此,为何还要引入 Python 呢? 其理由有二:一是有时针对某一任务的工具过多,最好可以组合成一种工具；二是现有的工具有时无法提供某些使用功能，无法进一步拓展语料库的应用。其实，这两种不足均可通过 Python 编程加以弥补。其一，采用 Python 的好处是避免了因不同工具对语料文本可能会产生的统计上的差异性或不一致性。其二，Python 有着近乎是无限的拓展功能，可以从语料库中挖掘到出乎意料的数据信息。

　　Python 的应用并不排斥既有语料库工具的使用，问题的关键是如何才能有效组合使用相关工具。为此必须考虑到不同工具之间的衔接性、数据的一致性、输出结果的可视化效果等因素。工具之间的衔接性不能受人为的熟悉程度所影响，而在于使用相关工具的内在逻辑性；数据的一致性在于经不同工具处理后的数据的语言学意义是否受到影响；可视化呈现效果会对数据的语言学解读或阐释产生直接影响。

　　本书旨在教会读者使用 Python 工具，故将 Python 在语料库应用中的能力习得分为三个层次：一是掌握 Python 在语料库应用中所需的基础性代码，二是将基础性代码组合应用于简单的语料库实践，三是解决语料库应用中较为复杂的实践问题。本书的适用对象包括没有编程基础的学生和语料库实践者，因此针对第一层次所涉内容均有详尽的代码解释，旨在对具体代码的语言学含义进行说明。针对第二层次所涉内容，更多是对算法设计的说明和解释，强调基础性代码的灵活应用，而第三层次所涉内容则着力于代码的创新性，意在解决新问题，可能是意想不到的问题的解决方案。

1.2　本书概要

　　本书共分为 3 篇共 8 章。第 1 章"绪论"自成一章，述及语料库的若干维度以及学习本书可以习得的三层次能力和其他各章的概要。其他各章分为三篇，上篇包含从第 2 章至第 5 章的内容，涉及能力习得的基础；中篇包含第 6 章和第 7 章，述及基础能力的习得；下篇为第 8 章，涵盖能力的提升以及解决方案的发现。

　　第 2 章为"语料文本的读取及其运行结果的输出"，围绕各种读取语料文本的不同方式和输出不同格式的运行结果而展开，这是运用 Python 进行编程实践的前后两个阶段即数据的来源和数据的结果输出。第 3 章为"语料库应用的基础性代码"，这是本书的关键基础部分，所汇总的代码均为语料库研究和应用所需的相关代码，涉及停用词的使用、文本降噪、文本语言学处理、词频排序、检索统计等。第 4 章为"数据可视化",旨在更为直观地提供最后的运行结果。第 5 章为"代码运行错误分析",汇总了本书所涉相关代码运行时可能遇到的各种问题,旨在提升编写代码过程中解决问题的能力。

第 6 章为"算法、代码与编程",对编程活动中可能涉及的规律性知识进行了总结归纳,旨在提升语料库编程实践的可实现性。第 7 章为"基础性代码的语料库组合应用",是中篇所述各种代码的语料库实践应用,这是习得语料库编程能力的中间必经过程。

第 8 章为"Python 的语料库拓展应用",呈现了 7 个语料库研究应用案例,每个案例均可直接服务于语料库的研究与应用。这是本书所述及的习得语料库编程能力的高阶,在习得本阶段所明确的能力后即可展开突破性的语料库编程实践。

第 7 章和第 8 章所涵盖的近 16 种编程代码均源自本书作者及其团队的语料库研究和应用实践,或是研究需要,或是应用实践,或是论文读后有感,其应用具有很强的针对性。源于研究和应用之需要的代码,其服务目标就是语料库本身,意在提升语料库的价值。

本书使用 Anaconda2 实现各项编程工作。Anaconda2 的下载网址为:https://www.anaconda.com/download。

上篇
语料文本的基础性代码

第2章
语料文本的读取及其运行结果的输出

2.1 概　　述

　　本章旨在描述不同来源、不同格式语料文本的读取方式以及不同类型、不同规模运算结果的输出形式。就本书所涉内容而言,语料文本来源的不同表现在 NLTK 固有语料库、自制语料库和非独立存储语料文本三个方面;语料文本格式的不同是指 txt 格式文本、docx 格式文本和 xlsx 格式文本。语料文本的不同来源和不同格式导致其读取方式各不相同,在面对各自的差异性或两类差异性相互交织在一起时必须选择符合自身要求的读取路径。运算结果的类型相对较多,如词频排序、关键词形符统计、术语提取等等,在考虑其输出形式时需要选择合理的呈现方式。运算结果的不同规模是指输出数据量的大小不同,若输出的数据量较小或者是为了即时验证输出结果是否符合要求,可输出在操作界面上。若输出的数据量较大,一般将运行结果保存为文件形式,即 txt 格式文件或 xlsx 格式文件。例如,若是提取术语,保存为 xlsx 格式是最佳的选择。

　　从现有的可供语料库语言学和翻译学研究之用的软件工具看,如 WordSmith、AntConc、ParaConc 等,多利用 txt 格式文本,其差异仅在于编码的不同,如 Unicode、ANSI 或 UTF‐8。这是本章选择 txt 格式文本作为首选语料文本读取格式进行描述的原因之一。选择 docx 格式文本是考虑到一些语料文本会以单文件形式呈现,如法律条款或某一部图书。例如,xlsx 格式文本非常适于存储术语,读取后可直接用于相应的数据处理,所以本章也将其列为内容之一。语料文本的格式非常之多,限于篇幅,本章仅描述和介绍这三种格式文本的读取方式。

　　传统的语料库研究工具的输出形式如 WordSmith 一般有三种：自身软件的格式、txt 文本格式和 xlsx 文本格式。本章仅涉及后两种文本格式的输出形式。

　　现有的语料库软件工具一般都是以拼音文字作为最初的处理对象，在处理中文数据时须采取特别的"措施"，对此 Python 编程语言（2.7 版本）也不例外。注意到这一点，就会使问题本身变得相对容易一些。分析中文文本的工具是 Jieba 文本分析器，在读取和输出中文文本时，均需与其相结合，一是中文分词，二是后续文本处理，而在结合的过程中有时还需注意编码问题。当然，抛开 Jieba 文本分析器也可以进行中文文本处理，只是不像处理英文文本那么简单，需要增加用于解码编码的代码。

　　本章和上篇其他章节的篇章结构相同，其中的每一段代码均由三部分组成，即代码部分、运行结果和解读。为便于理解代码，代码的编写一般采用链式法，未采用自定义函数模块法（从中篇开始采用自定义函数模块法）。每一段代码均经过测试，并得出了可靠的结果。代码的解读涵盖了代码段内的每一行代码，旨在为代码给出应用性解读。每一段代码均独立构成一个应用功能，代码内容短小精悍，易于理解和掌握。

2.2　语料文本的读取

　　语料文本的读取可分为两种情形：一是按照语料文本的存储位置，二是按照语料文本的存储文件格式。按照存储位置的不同，读取语料文本时又可分为三种情形：一是 NLTK 自带语料库，二是自制语料库，三是非独立存储的语料文本。语料文本的存储文件格式各有不同，其所需命令代码也有所区别，例如 txt 格式（一般采用 UTF‐8 编码）、docx 格式或 xlsx 格式等。

2.2.1　读取 NLTK 固有语料库

　　Python 的自然语言处理工具包（Natural Language Toolkit—NLTK）本身收录了大量的语料资源，如古腾堡语料库（Project Gutenberg）、布朗语料库（Brown Corpus）、就职演讲语料库（Inaugural Address Corpus）和路透社语料库（Reuters Corpus）等。本小节代码用于读取 NLTK 固有语料库。

【代码】

```
from nltk.book import *
from nltk.corpus import inaugural
inaugural.fileids()
```

【运行结果】

```
Out[29]:                      u'1901-McKinley.txt',
[u'1789-Washington.txt',      u'1905-Roosevelt.txt',
 u'1793-Washington.txt',      u'1909-Taft.txt',
 u'1797-Adams.txt',           u'1913-Wilson.txt',
 u'1801-Jefferson.txt',       u'1917-Wilson.txt',
 u'1805-Jefferson.txt',       u'1921-Harding.txt',
 u'1809-Madison.txt',         u'1925-Coolidge.txt',
 u'1813-Madison.txt',         u'1929-Hoover.txt',
 u'1817-Monroe.txt',          u'1933-Roosevelt.txt',
 u'1821-Monroe.txt',          u'1937-Roosevelt.txt',
 u'1825-Adams.txt',           u'1941-Roosevelt.txt',
 u'1829-Jackson.txt',         u'1945-Roosevelt.txt',
 u'1833-Jackson.txt',         u'1949-Truman.txt',
 u'1837-VanBuren.txt',        u'1953-Eisenhower.txt',
 u'1841-Harrison.txt',        u'1957-Eisenhower.txt',
 u'1845-Polk.txt',            u'1961-Kennedy.txt',
 u'1849-Taylor.txt',          u'1965-Johnson.txt',
 u'1853-Pierce.txt',          u'1969-Nixon.txt',
 u'1857-Buchanan.txt',        u'1973-Nixon.txt',
 u'1861-Lincoln.txt',         u'1977-Carter.txt',
 u'1865-Lincoln.txt',         u'1981-Reagan.txt',
 u'1869-Grant.txt',           u'1985-Reagan.txt',
 u'1873-Grant.txt',           u'1989-Bush.txt',
 u'1877-Hayes.txt',           u'1993-Clinton.txt',
 u'1881-Garfield.txt',        u'1997-Clinton.txt',
 u'1885-Cleveland.txt',       u'2001-Bush.txt',
 u'1889-Harrison.txt',        u'2005-Bush.txt',
 u'1893-Cleveland.txt',       u'2009-Obama.txt',
 u'1897-McKinley.txt',        u'2017-Trump.txt']
```

【解读】

(1) from nltk.book import *：从 NLTK 的 book 模块中加载所有的条目。

(2) from nltk.corpus import inaugural：从 NLTK 的语料库 corpus 模块中加载历届美国总统就职演讲语料库（Inaugural Address Corpus）。

(3) inaugural.fileids()：查看 inaugural 语料库中的文本名称；fileids()函数用于读取语料库中的文件。

(4) 历届美国总统就职演讲语料库仅收集至奥巴马总统的就职演讲。特朗普总统就职演说的语料文本 u'2017－Trump.txt'为后续添加，添加时须注意格式。

将上述代码改为:

from nltk.book import *

from nltk.corpus import inaugural

inaugural.fileids()

x = inaugural.words('2017 - Trump.txt')

len(x)

【运行结果】

```
In [14]: x = inaugural.words('2017-Trump.txt')
    ...: len(x)
Out[14]: 1675
```

【解读】

(1) len(x):得出特朗普总统演说稿的字符数为 1 675 个(形符 + 标点符号等);len()函数用于计数文本的字符数。

(2) x = inaugural.words('2017 - Trump.txt'):读取 inaugural 语料库中的 2017 - Trump.txt 文本并做分词处理,并把这一过程定义为变量 x。

(3) 若想读取其他固有语料库,如古腾堡语料库(Project Gutenberg)、布朗语料库(Brown Corpus)和路透社语料库(Reuters Corpus),则须输入代码 from nltk.corpus import gutenberg、from nltk.corpus import brown 和 from nltk.corpus import reuters。

2.2.2 读取自制语料库

读取自制语料库时,既可以读取语料库中的一个或多个文件,也可以读取语料库中的所有文件。具体操作时,可根据文本分析的需要而定,与之相应的代码会略有不同。

【代码一】读取一个或多个文件

from nltk.corpus import PlaintextCorpusReader

corpus_root = r" D:\python test\1 "

corpora = PlaintextCorpusReader(corpus_root, [' total book1.txt'])

corpora.fileids()

myfiles = corpora.words(' total book1.txt')

【运行结果】

```
In [19]: from nltk.corpus import PlaintextCorpusReader
    ...: corpus_root = r"D:\python test\1"
    ...: corpora = PlaintextCorpusReader(corpus_root, ['total book1.txt'])
    ...: corpora.fileids()
    ...: myfiles = corpora.words('total book1.txt')
    ...: len(myfiles)
Out[19]: 135
```

【解读】

(1) 本段代码运行结果为无，仅表示读取了语料文本' total book1.txt'，添加 len(myfiles)后方可出结果。

(2) from nltk.corpus import PlaintextCorpusReader：从 NLTK 的 corpus 模块中加载纯文本语料库阅读器 PlaintextCorpusReader。

(3) corpus_root = r" D:\python test\1"：所载入的语料文本的存储位置即 D 盘下的二级文件夹 1，字母 r 表示读取文本，并把载入语料这一过程定义为变量 corpus_root（可自行定义的变量名，一般利于理解即可）。

(4) corpora = PlaintextCorpusReader(corpus_root, [' total book1.txt'])：使用 PlaintextCorpusReader 读取存储位置内或文件夹内的一个文件即 total book1.txt。

(5) corpora.fileids()：查看 corpora 语料库中的文本名称。

(6) corpora.words(' total book1.txt')：读取 corpora 中的 total book1.txt 文本并做分词处理。

(7) len(myfiles)：运行后可得出 135 个字符（形符＋标点符号）。

(8) 需要读取多个文件时，可调用下述代码：

```
from nltk.corpus import PlaintextCorpusReader
corpus_root = r"D:\python test\1"
corpora = PlaintextCorpusReader(corpus_root, ['total book1.txt',
                                             'total book2.txt',
                                             'total book3.txt'])
corpora.fileids()
myfiles = corpora.words(['total book1.txt',
                        'total book2.txt', 'total book3.txt'])
```

【代码二】 读取文件夹内的所有文件

from nltk.corpus import PlaintextCorpusReader

corpus_root = 'D：/python test/1'

corpora = PlaintextCorpusReader(corpus_root，'.＊')

corpora.fileids()

myfiles = corpora.words(corpora.fileids())

【运行结果】

```
In [7]: from nltk.corpus import PlaintextCorpusReader
   ...: corpus_root = 'D:/python test/1'
   ...: corpora = PlaintextCorpusReader(corpus_root, '.*')
   ...: corpora.fileids()
   ...: myfiles = corpora.words(corpora.fileids())

In [8]:
```

【解读】

(1) corpora = PlaintextCorpusReader（corpus _ root，'. *'）：使用 PlaintextCorpusReader 读取存储位置内或文件夹内的所有语料文本，并定义为变量 corpora。

(2) myfiles = corpora.words(corpora.fileids())：代码括号内的 corpora. fileids()表示读取存储位置内或文件夹内的所有文件；corpora.words （corpora.fileids()）表示读取所有文件并进行分词处理；把该条组合代码定义为变量 myfiles。

(3) 注意与代码一的区别。

【代码三】将读取语料库的代码设置为函数

def upload_corpus(root，name)：

    corpus = PlaintextCorpusReader(root，[name])

    text_raw = corpus.raw(corpus.fileids())

    return text_raw

if __name__ = = '__main__'：

    corpusRoot = r'D:\python test\9_n－gram_phrase extraction'

    fileName = 'Chinese copyright law (2010－04－26)_chn_eng.txt'

upload_corpus(corpusRoot，fileName)

【运行结果】

```
In [12]: upload_corpus(corpusRoot, fileName)
Out[12]: u'The copyright law of the People\'s Republic of China\r\n\r
\nChapter I General Provisions\r\nArticle 1 For the purposes of protecting
the copyright of authors of literary, artistic and scientific works and
their copyright-related rights, encouraging the creation and dissemination
```

of works which facilitate the advanced socialist culture, ideology and material construction and promoting the development and flourish of the socialist culture and science, and in accordance with the Constitution, this Law is formulated.\r\nArticle 2 Works of citizens, legal persons or other organizations of China shall enjoy copyright according to this Law, whether or not they are published or unpublished.\r\nCopyright enjoyed by works of foreigners and stateless persons according to the agreements signed by China and the States of which the authors are nationals or in which the authors domicile habitually or the international conventions to which both China and the States are members shall be protected by this Law.\r\nWorks of foreigners and stateless persons shall enjoy copyright

（其余内容略）

【解读】

(1) 将代码设置为函数 upload_corpus(root，name)后，可将该段代码指对给任何语料库；只需在 if __ name __ = = '__ main __':代码下赋值即可。

(2) corpus.raw(corpus.fileids())：读取原始语料，即 raw()函数表示未对语料做任何语言学处理。

(3) 所示文本中的\r\n 为段落标记。

(4) upload_corpus(corpusRoot，fileName)：最后运行该函数，显示运行结果（见上）。

【代码四】读取本地文件（一）

```
text = open(r'D:\python test\1\total book1.txt')
text.read()
```

【运行结果】

```
In [8]: f = open(r'D:\python test\1\total book1.txt')
   ...: f.read()
Out[8]: "\xef\xbb\xbfSpringer Handbook provides a concise compilation of approved key information on methods of research, general principles, and functional relationships in physical and applied sciences. The world's leading experts in the fields of physics and engineering will be assigned by one or several renowned editors to write the chapters comprising each volume. The content is selected by these experts from Springer sources (books, journals, online content) and other systematic and approved recent publications of scientific and technical information. This handbook contains 3 volumes."
```

【解读】

(1) text = open(r'D:\python test\1\total book1.txt')：打开 D 盘二级文件夹 1 之下的相应文件，并定义为变量 text。

(2) text.read()：读取 text 中的内容；read()为读取内容函数。

(3) 所读取文本的开始处出现"\xef\xbb\xbf"，表示该文本的编码方式为

UTF-8。

【代码五】读取本地文件(二)

```
text = open(r'D:\python test\1\total book1.txt')
for line in text:
    print line.strip()
    print line.split()
```

【运行结果】

```
In [18]: text = open(r'D:\python test\1\total book1.txt')
    ...: for line in text:
    ...:     print line.strip()
    ...:
    ...:
Springer Handbook provides a concise compilation of approved key information on methods of
research, general principles, and functional relationships in physical and applied sciences.
The world's leading experts in the fields of physics and engineering will be assigned by one or
several renowned editors to write the chapters comprising each volume. The content is selected
by these experts from Springer sources (books, journals, online content) and other systematic
and approved recent publications of scientific and technical information. This handbook
contains 3 volumes.

In [19]: print line.split()
['\xef\xbb\xbfSpringer', 'Handbook', 'provides', 'a', 'concise', 'compilation', 'of',
'approved', 'key', 'information', 'on', 'methods', 'of', 'research,', 'general', 'principles,',
'and', 'functional', 'relationships', 'in', 'physical', 'and', 'applied', 'sciences.', 'The',
"world's", 'leading', 'experts', 'in', 'the', 'fields', 'of', 'physics', 'and', 'engineering',
'will', 'be', 'assigned', 'by', 'one', 'or', 'several', 'renowned', 'editors', 'to', 'write',
'the', 'chapters', 'comprising', 'each', 'volume.', 'The', 'content', 'is', 'selected', 'by',
'these', 'experts', 'from', 'Springer', 'sources', '(books,', 'journals,', 'online',
'content)', 'and', 'other', 'systematic', 'and', 'approved', 'recent', 'publications', 'of',
'scientific', 'and', 'technical', 'information.', 'This', 'handbook', 'contains', '3',
'volumes.']
```

【解读】

(1) for line in text:：表示遍历文本 text 中的每一行。

(2) print line.strip()：用于删除输入行结尾的换行符,然后打印出结果。

(3) print line.split()：将 line 分割成链表,然后打印出结果。注意链表中的 0 位置仍出现"\xef\xbb\xbf"标识(与本节"代码四"的显示结果一样),需要调用 replace()予以清除。

将上述代码改为:

```
text = open(r'D:\python test\1\total book1.txt')
for line in text:
    line1 = line.replace('\xef\xbb\xbf','')
    print line1.split()
```

【运行结果】

```
In [24]: text = open(r'D:\python test\1\total book1.txt')
    ...: for line in text:
    ...:     line1 = line.replace('\xef\xbb\xbf','')
    ...:     print line1.split()
    ...:
    ...:
['Springer', 'Handbook', 'provides', 'a', 'concise', 'compilation', 'of', 'approved', 'key',
'information', 'on', 'methods', 'of', 'research,', 'general', 'principles,', 'and',
'functional', 'relationships', 'in', 'physical', 'and', 'applied', 'sciences.', 'The',
"world's", 'leading', 'experts', 'in', 'the', 'fields', 'of', 'physics', 'and', 'engineering',
'will', 'be', 'assigned', 'by', 'one', 'or', 'several', 'renowned', 'editors', 'to', 'write',
'the', 'chapters', 'comprising', 'each', 'volume.', 'The', 'content', 'is', 'selected', 'by',
'these', 'experts', 'from', 'Springer', 'sources', '(books,', 'journals,', 'online',
'content)', 'and', 'other', 'systematic', 'and', 'approved', 'recent', 'publications', 'of',
'scientific', 'and', 'technical', 'information.', 'This', 'handbook', 'contains', '3',
'volumes.']
```

【解读】

（1）这一结果使得分割成的链表变得清洁。

（2）line.replace('\xef\xbb\xbf','')：把文本 line 中的"\xef\xbb\xbf"替换为空（括号内两个单引号连排标识为无内容）。

2.2.3　读取非独立存储的语料文本

【代码】

text = """ Springer Handbook provides a concise compilation of approved key information on methods of research，general principles，and functional relationships in physical and applied sciences. The world's leading experts in the fields of physics and engineering will be assigned by one or several renowned editors to write the chapters comprising each volume. The content is selected by these experts from Springer sources（books，journals，online content）and other systematic and approved recent publications of scientific and technical information."""

text1 = text.split()

len(text1)

x = [word.lower() for word in text1 if word.isalpha()]

len(x)

【运行结果】

```
In [51]: text = """Springer Handbook provides a concise compilation of approved key
    ...: information on methods of research, general principles, and functional
    ...: relationships in physical and applied sciences. The world's leading
```

```
...: experts in the fields of physics and engineering will be assigned by
...: one or several renowned editors to write the chapters comprising each
...: volume. The content is selected by these experts from Springer sources
...: (books, journals, online content) and other systematic and approved
...: recent publications of scientific and technical information."""
...: text1 = text.split()
...: len(text1)
Out[51]: 77
In [52]: x = [word.lower() for word in text1 if word.isalpha()]
...: len(x)
Out[52]: 68
```

【解读】

(1) text = """..."""或 text = '...'：用变量 text 表示字符串，可使运行结果与文本的对比更为直接。

(2) text1 = text.split()：将变量 text 所表示的字符串分割成链表，并定义为变量 text1。

(3) len(text1)：将字符串分割成链表后，得出形符数为 77，等同于 Word 的计算结果（可对比"文本降噪代码"的三段代码运行结果）。split()的分割结果为['Springer', 'Handbook', 'provides', 'a', 'concise', 'compilation', 'of', 'approved', 'key', 'information', 'on', 'methods', 'of', 'research,', 'general', 'principles,', 'and', 'functional', 'relationships', 'in', 'physical', 'and', 'applied', 'sciences.', 'The', "world's", 'leading', 'experts', 'in', 'the', 'fields', 'of', 'physics', 'and', 'engineering', 'will', 'be', 'assigned', 'by', 'one', 'or', 'several', 'renowned', 'editors', 'to', 'write', 'the', 'chapters', 'comprising', 'each', 'volume.', 'The', 'content', 'is', 'selected', 'by', 'these', 'experts', 'from', 'Springer', 'sources', '(books,', 'journals,', 'online', 'content)', 'and', 'other', 'systematic', 'and', 'approved', 'recent', 'publications', 'of', 'scientific', 'and', 'technical', 'information.']，其中有"world's"、'(books,'、'sciences.'等，这与 Word 软件的计算方法一致。

(4) len(x)：仅保留文本中的单词，即清除其中的 9 个标点符号（包括 2 个括号），故 77 - 9 = 68。

2.2.4 读取 docx 格式的语料文本

读取 docx 格式语料文本时会有两种情形：一是读取文档中的某一段落，

二是读取整个文档,这两种情形下的代码会有所区别。在读取 docx 格式文本后,其内容为字符串,需要转换为链表,方可用于检索与统计。用于下文代码一和代码二调取的语料文本内容如下(共分两个自然段落):

Springer Handbook provides a concise compilation of approved key information on methods of research, general principles, and functional relationships in physical and applied sciences.

The world's leading experts in the fields of physics and engineering will be assigned by one or several renowned editors to write the chapters comprising each volume. The content is selected by these experts from Springer sources(books, journals, online content) and other systematic and approved recent publications of scientific and technical information. This handbook contains 3 volumes.

【代码一】读取文档中的某一段落

```
import docx
doc1 = docx.Document(ur'D:\python test\12_docx\total book1.docx')
doc2 = doc1.paragraphs[0].text
doc3 = doc2.split()
print doc3
```

【运行结果】

```
In [12]: import docx
    ...: doc1 = docx.Document(ur'D:\python test\12_docx\total book1.docx')
    ...: doc2 = doc1.paragraphs[0].text
    ...: doc3 = doc2.split()
    ...: print doc3
[u'Springer', u'Handbook', u'provides', u'a', u'concise', u'compilation', u'of', u'approved',
u'key', u'information', u'on', u'methods', u'of', u'research,', u'general', u'principles,',
u'and', u'functional', u'relationships', u'in', u'physical', u'and', u'applied', u'sciences.']
```

【解读】

(1) import docx:加载 docx 模块。

(2) doc1 = docx.Document(ur'D:\python test\12_docx\total book1.docx'):读取 D 盘下二级文件夹内的相应文件,并定义为变量 doc1;代码中 Document 表示整个文档,包含了 paragraphs 对象的链表;所读取的字符串为 Raw‐Unicode‐Escape 编码,需要在字符串的引号前加前缀 ur。

(3) doc2 = doc1.paragraphs[0].text:读取段落内容,0 表示读取第一段,

然后定义为变量 doc2。

(4) doc3 = doc2.split()：doc2 为字符串，由 split() 函数将其分割成链表，并定义为变量 doc3。

(5) print doc3：打印出运行结果，即所读取的第一个段落。

(6) 为执行本段代码，需在命令提示符内执行按照命令：pip install python - docx。

【代码二】读取文档中的所有段落

```
import nltk
whole_text = []
doc1 = docx.Document(ur'D:\python test\12_docx\total book1.docx')
paras = doc1.paragraphs
for p in paras：
    whole_text.append(p.text)
doc2 = ' '.join(whole_text)
doc3 = doc2.split()
doc4 = nltk.Text(doc3)
doc4.concordance(' by')
```

【运行结果】

```
In [24]: import nltk
   ...: whole_text = []
   ...: doc1 = docx.Document(ur'D:\python test\12_docx\total book1.docx')
   ...: paras = doc1.paragraphs
   ...: for p in paras:
   ...:     whole_text.append(p.text)
   ...:
   ...: doc2 = ' '.join(whole_text)
   ...: doc3 = doc2.split()
   ...: doc4 = nltk.Text(doc3)
   ...: doc4.concordance('by')
Displaying 2 of 2 matches:
sics and engineering will be assigned by one or several renowned editors to wr
 each volume. The content is selected by these experts from Springer sources (
```

【解读】

(1) import nltk：加载 NLTK 模块，用于在读取 docx 文本之后进行 KWIC 检索。

(2) whole_text = []：本段代码设定读取文档中的所有内容，并定义为变量 whole_text。

(3) paras = doc1.paragraphs：读取 doc1 中多有段落，并定义为变量 paras。

(4) for p in paras：：在变量 paras 中遍历每一个段落。

(5) whole_text.append(p.text)：将所遍历的每一个段落逐一添加至变量 whole_text 中。

(6) doc2 = ''.join(whole_text)：第(5)步所得结果为按段落分割而成的链表[参见本小节代码一的解读(2)内容]，故本步骤需要先将该段落级别的链表组合成一个字符串，并定义为变量 doc2。

(7) doc3 = doc2.split()：紧随步骤(6)，将变量 doc2 分割成链表，并定义为变量 doc3。

(8) doc4 = nltk.Text(doc3)：nltk.Text 的功能是把变量 doc3 转换为可供 concordance() 调取的对象，并定义为变量 doc4。

(9) doc4.concordance(' by')：执行上下文关键词即"by"的检索，仅为两个检索结果。

2.2.5　读取 xlsx 格式的语料文本

【代码】

```
import xlrd
words = xlrd.open_workbook(ur'D:\python test\16_xlsx-xls\dictionary1.xlsx')
sheet = words.sheets()[0]
column = sheet.ncols
for w in range(column)：
    print sheet.col_values(w)
```

【运行结果】

```
In [6]: import xlrd
   ...: words = xlrd.open_workbook(ur'D:\python test\16_xlsx-xls\dictionary1.xlsx')
   ...: sheet = words.sheets()[0]
   ...: column = sheet.ncols
   ...: for w in range(column):
   ...:     print sheet.col_values(w)
   ...:

[u'automated security monitor', u'chain infection', u'classified data', u'computer vaccine',
u'confidentiality', u'cross infection', u'cryptographic facility', u'data encryption key',
u'decryption', u'error extention', u'fingerprint', u'information redundancy', u'key distribution
center', u'key management', u'key stream', u'key-encryption key', u'logic bomb', u'one-key
cryptosystem', u'privacy', u'risk analysis', u'signature verification', u'software protection',
u'trapdoor', u'two-key cryptosystem', u'vaccine', u'vulnerability', u'wiretapping', u'work factor']
```

【解读】

(1) import xlrd：加载 xlrd 模块，用于读取 xlsx 文本。

(2) words = xlrd.open_workbook(ur'D:\python test\16_xlsx - xls\dictionary1.xlsx')：open_workbook()函数用于打开 Excel 文件，并定义为变量 words。

(3) sheet = words.sheets()[0]：sheets()函数用于打开文件中的表格，其中的[0]表示 sheet1，而[1]和[2]分别表示 sheet2 和 sheet3，以此类推。这一过程被定义为变量 sheet。亦可将 words.sheets()[0]修改为 words.sheet_by_index(0)，其结果相同。

(4) column = sheet.ncols：表示读取 sheet1 中的整列内容，并定义为变量 column。

(5) for w in range(column):：遍历一整列 column 中的所有内容。

(6) print sheet.col_values(w)：在界面上打印出整列内容。

(7) 本段代码用于读取存储在 Excel 表格中的词典，读取后所呈现的内容为链表序列。

(8) 需要读取整行内容时，可将 column = sheet.ncols 修改为 row = sheet.nrows。

```
import xlrd
words = xlrd.open_workbook(ur'D:\python test\16_xlsx-xls\dictionary1.xlsx')
sheet = words.sheets()[1]
row = sheet.nrows
for w in range(row):
    print sheet.row_values(w)
```

2.3　语料文本运行结果的输出

本节主要描述如何使用 Python 在运行代码后输出不同文件格式的运行结果：一是在 Python 操作界面上直接输出运行结果，二是以 txt 文件格式输出运行结果，三是以 xlsx 文件格式输出运行结果。

2.3.1　操作界面直接输出结果

本节以 Anaconda 4.3.1 的 Spyder (Python 2.7)操作界面呈现相应的输出结果(见图 2.1)，左边框内的内容为代码，右边下框内的内容为直接显示的运行结果。界面直接输出运行结果，一般是为了暂时查看结果或者是用于数据量不太大的情况，即输出部分结果，而不是所有结果。

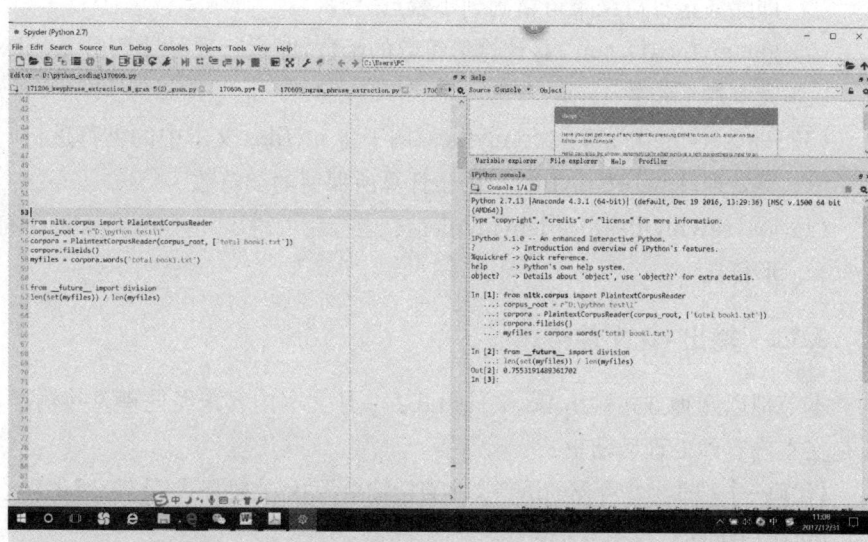

图 2.1　Anaconda 4.3.1 的 Spyder (Python 2.7)操作界面

【代码】

from nltk.corpus import PlaintextCorpusReader

corpus_root = r"D:\python test\1"

corpora = PlaintextCorpusReader(corpus_root，['total book1.txt'])

corpora.fileids()

myfiles = corpora.words('total book1.txt')

（以上为调用语料文本的代码）

from __future__ import division

len(set(myfiles)) / len(myfiles)

【运行结果】

```
In [1]: from nltk.corpus import PlaintextCorpusReader
   ...: corpus_root = r"D:\python test\1"
   ...: corpora = PlaintextCorpusReader(corpus_root, ['total book1.txt'])
   ...: corpora.fileids()
   ...: myfiles = corpora.words('total book1.txt')

In [2]: from __future__ import division
   ...: len(set(myfiles)) / len(myfiles)
Out[2]: 0.7553191489361702
```

【解读】

(1) from __future__ import division：加载该模块可进行精确除法处理，即除法运算后结果可精确到小数点之后。

(2) len(myfiles)：len()是计算形符数的函数，即运行后可计算出 myfiles 文本的形符数。

(3) len(set(myfiles))：set(myfiles)用于将 myfiles 文本中的类符进行归类处理，len(set(myfiles))用于计算所保留的类符数。

(4) len(set(myfiles)) / len(myfiles)：运行后可得出 myfiles 文本的类符形符比。

2.3.2　输出 txt 文件格式

本节拟以两种方式输出 txt 文件格式：一是文本内容未经处理直接输出，二是文本内容经处理后输出。

【代码一】把非独立存储的语料文本直接输出为 txt 文件格式(比较 2.2.3 节)

```
import codecs
test_file = codecs.open(r'D:\test12.txt', 'w', encoding='utf8')
text = """Springer Handbook provides a concise compilation of approved key
information on methods of research, general principles, and functional
relationships in physical and applied sciences. The world's leading
experts in the fields of physics and engineering will be assigned by
one or several renowned editors to write the chapters comprising each
volume. The content is selected by these experts from Springer sources
(books, journals, online content) and other systematic and approved
recent publications of scientific and technical information."""
for w in text:
    test_file.write(w)
test_file.close()
```

【运行结果】(直接打印出文件 test2.txt)

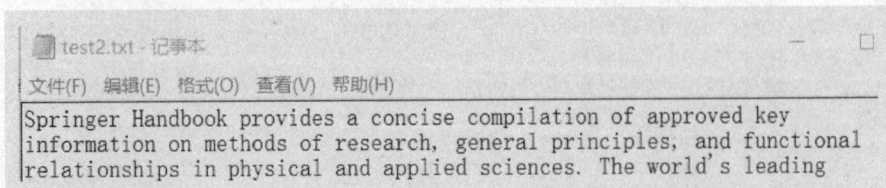

```
test2.txt - 记事本                                    —    □
文件(F)  编辑(E)  格式(O)  查看(V)  帮助(H)
Springer Handbook provides a concise compilation of approved key
information on methods of research, general principles, and functional
relationships in physical and applied sciences. The world's leading
```

experts in the fields of physics and engineering will be assigned by
one or several renowned editors to write the chapters comprising each
volume. The content is selected by these experts from Springer sources
(books, journals, online content) and other systematic and approved
recent publications of scientific and technical information.

【解读】

(1) import codecs：加载编码模块，与后一句代码内的 encoding＝'utf8'相呼应，即打印后的 txt 文件为 UTF－8 编码。

(2) test_file = open(r'D：\test2.txt','w')：open()表示创建文件 test2. txt,用于写入；'w'表示写入；该过程被定义为变量 test_file。

(3) for w in text：：遍历文本 text 中的每一个词。

(4) test_file.write(w)：将遍历后的内容写入变量 test_file,最后的结果即为打印出的文件；write()为文本内容写入函数。

(5) 注意：非文本数据在写入文件之前须转换成字符串。

(6) test_file.close()：关闭文件。

【代码二】 提取三连词并保存在指定位置（文本内容同本节"代码一"，但以文件形式保存）

（加载语料文本的代码见 2.3.1 节）

```
from nltk.corpus import stopwords
stop_words = set(stopwords.words('english'))
（以上为调用停用词模块）
from nltk import ngrams
n = 3
x = [word.lower() for word in myfiles if word.isalpha()]
n_grams = ngrams(x, n)
log = open(r"D：\test4.txt", "w")
for grams in n_grams：
    if len(set(grams) & set(stop_words)) == 0：
        print >> log, grams
log.close()
```

【运行结果】

```
test4.txt - 记事本
文件(F)  编辑(E)  格式(O)  查看(V)  帮助(H)
(u'springer', u'handbook', u'provides')
(u'approved', u'key', u'information')
(u'research', u'general', u'principles')
(u'several', u'renowned', u'editors')
(u'springer', u'sources', u'books')
(u'sources', u'books', u'journals')
(u'books', u'journals', u'online')
(u'journals', u'online', u'content')
(u'approved', u'recent', u'publications')
```

【解读】

(1) from nltk.corpus import stopwords：加载 NLTK 的 corpus 模块中的停用词。

(2) stop_words = set(stopwords.words('english'))：调用模块中的英文固有停用词，并定义为变量 stop_words。

(3) from nltk import ngrams：加载 NLTK 模块中的 N 连词提取包即 ngrams。

(4) x = [word.lower() for word in myfiles if word.isalpha()]：降噪即转小写和清除非字母字符，并定义为变量 x。

(5) n_grams = ngrams(x, n)：ngrams()为提取 N 连词的函数，x 为文本，n 为 N 连词中的 n 数；定义为变量 n_grams。

(6) log = open(r"D:\test4.txt", "w")：在 D 盘打开文件 test4.log 并将输出结果保存到该文件中；w 是 write 的缩写，表示可写入该文件；定义为变量 log。

(7) for grams in n_grams:：表示遍历 n_grams 中的 grams。

(8) if len(set(grams) & set(stop_words)) == 0:：表示所选取的 ngrams 经同类合并处理并清除含有停用词的 ngrams。

(9) print >> log, grams：将 grams 打印到 log 中。

(10) log.close()：关闭文件 log；该行代码与代码 log = open()构成一个闭环。

(11) 在输出的文本文件中，每个单词前面都有一个字母"u"，表示输出结果均为 Unicode 字符串，也即在 Python 编程语言中，一个 Unicode 字符串常量是在其前面加一个字母"u"来表示，如 u'handbook'.

2.3.3　输出 xlsx 文件格式

【代码】

```
words = [u'automated security monitor', u'chain infection', u'classified data',
u'computer vaccine', u'confidentiality', u'cross infection',
u'cryptographic facility', u'data encryption key', u'decryption',
u'error extention', u'fingerprint', u'information redundancy',
u'key distribution center', u'key management', u'key stream',
u'key-encryption key', u'logic bomb', u'one-key cryptosystem', u'privacy',
u'risk analysis', u'signature verification', u'software protection',
u'trapdoor', u'two-key cryptosystem', u'vaccine', u'vulnerability',
u'wiretapping', u'work factor']
import xlsxwriter
workbook = xlsxwriter.Workbook(r'D:\11121.xlsx')
sheet = workbook.add_worksheet()
a = 0
b = 0
for w in words：
    sheet.write(a, b, w)
    a = a + 1
workbook.close()
```

【运行结果】

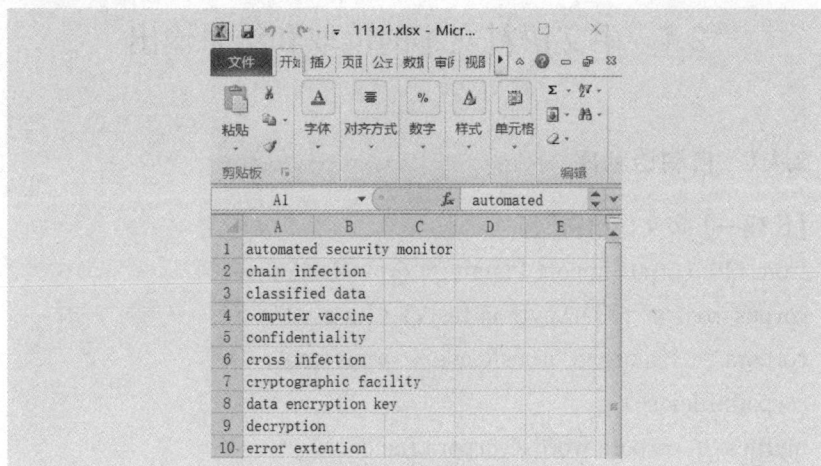

【解读】

（1）本段代码旨在把以链表形式呈现的术语写入 Excel 文件中。

（2）words = ［］：方括号内的术语以链表序列呈现，并被定义为变量 words。

（3）import xlsxwriter：加载 xlsxwriter 模块，用于将数据写入 Excel 的表格中，与代码 xlsxwriter.Workbook（）相呼应。

（4）workbook = xlsxwriter.Workbook(r' D：\11121.xlsx')：创建一个空的 xlsx 文件，命名为 11121.xlsx 并保存在 D 盘之下。这一过程被定义为变量 workbook。

（5）sheet = workbook.add_worksheet（）：使用 add_worksheet（）函数为该文件添加一个空表格，并定义为变量 sheet。

（6）若想设定一整列内单元格的宽度，可在步骤（5）之后添加代码 sheet.set_column('A：A', 20)，其中的数字可按实际情况设定。

（7）a = 0：表示从第一格即 A1 开始使用表格中的一整列。

（8）b = 0：表示从第一格即 A1 开始使用表格中的一整行。

（9）for w in words：：遍历变量 words 中的每一个术语。

（10）sheet.write(a, b, w)：使用 write（）函数将每一个术语写入表格中；圆括号内的第一个参数表示列，第二个表示栏，第三个是术语本身。

（11）a = a + 1：本行代码表示沿着 A 列的竖向写入所有术语。若将其修改为 b = b + 1，则表示沿着 1 栏的横向写入所有术语。

（12）workbook.close（）：使用 close（）函数关闭相关文件。

2.4　中文语料文本的读取和结果输出

2.4.1　自制语料库

【代码一】多文件语料库（一）

```
from nltk.corpus import PlaintextCorpusReader
corpus_root = r" D：\python test\3_Chinese2"
corpora = PlaintextCorpusReader(corpus_root, '. *')
corpora.fileids()
myfiles = corpora.words(corpora.fileids())
```

text ＝ ''.join(myfiles)

import jieba.analyse

seg_text ＝ jieba.analyse.extract_tags(text，topK ＝ 1000)

print "".join(seg_text)

【运行结果】

```
In [196]: from nltk.corpus import PlaintextCorpusReader
     ...: corpus_root = r"D:\python test\3_Chinese2"
     ...: corpora = PlaintextCorpusReader(corpus_root, '.*')
     ...: corpora.fileids()
     ...: myfiles = corpora.words(corpora.fileids())
     ...: text = ' '.join(myfiles)
     ...: import jieba.analyse
     ...: seg_text = jieba.analyse.extract_tags(text, topK = 1000)
     ...: print " ".join(seg_text)
本协定 理事会 成员 缓冲 储存 天然胶 表决 分摊 本条 价格 马克思 任何 账户 规定 根据 生效 指示 协定
缴付 票数 审查 特别 决定 每一 组织 进口 参考价格 下限 国际 执行 1979 这种 其他 出口 会议 政府 上限
60 引文 政治经济学 格莱斯顿 德国 通知 经营 英国 情况 修订 交存 保管人 份额 这些 修正案 主任 除非
关于 经理 净现金 按照 作者 触发 接受 中止 行政 经济 没有 先生 必要 引证 一个 30 作出 修改 暂时 汉
```

（仅显示部分结果）

【解读】

(1) 读取中文语料库的开始部分代码与 2.2.2 节"读取自制语料库"的相同。

(2) text ＝ ''.join(myfiles)：由于从语料库读取的文本无法直接用于 jieba 分词处理，故需要通过代码 corpora.words(corpora.fileids()) 将其分割成链表并定义为变量 myfiles，接着又以代码 '.join(myfiles) 将其连接成字符串并定义为变量 text，此时的字符串方可用于 jieba 分词处理。

(3) import jieba.analyse：加载 jieba 的 analyse 模块，为了后续提取关键词之用。

(4) seg_text ＝ jieba.analyse.extract_tags(text，topK ＝ 1000)：extract_tags() 是提取关键词函数，text 为待提取的语料文本，topK ＝ 1000 为输出 1 000 个关键词。

(5) print "".join(seg_text)：把上述 1 000 个关键词连接成字符串并打印在操作界面上。

【代码二】多文件语料库(二)

bbb ＝ "".join(seg_text)

import codecs

f ＝ codecs.open(r"D:\zzzz2.txt"，"w"，encoding ＝ 'utf－8')

```
f.write(bbb)
f.close()
```

【运行结果】另存为一个文件。

【解读】

(1) 开始部分代码与本节代码一相同。后续将代码 print " ".join(seg_text)修改为 bbb = "".join(seg_text)，即把 1 000 个关键词连接成字符串并定义为变量 bbb。

(2) import codecs：用于转换自然语言的编码，目的是启用 open()函数。

(3) f = codecs.open(r"D:\zzzz2.txt", "w", encoding = 'utf‐8')：将编码转换成 UTF‐8 并在 D 盘下创建文件 zzzz2.txt，这一过程被定义为变量 f；w 表示需将内容写入该文件。

(4) f.write(bbb)：把变量 bbb 所包含的内容信息写入变量 f；write()函数用于写入文件。

(5) f.close()：关闭变量 f 所表示的文件。

【代码三】单个文件

```
text = open(r"D:\python test\14_wordcloud\ChineseCopyrightLaw_
chn.txt").read()
seg_text = jieba.cut(text, cut_all = False)
print " ".join(seg_text)
```

【运行结果】

```
In [202]: text = open(r"D:\python test\14_wordcloud\ChineseCopyrightLaw_chn.txt").read()
    ...: seg_text = jieba.cut(text, cut_all=False)
    ...: print " ".join(seg_text)
中华人民共和国 著作权法

第一章    总则
第一条    为 保护 文学 、 艺术 和 科学 作品 作者 的 著作权 ， 以及 与 著作权 有关 的 权益 ，
鼓励 有益于 社会主义 精神文明 、 物质文明 建设 的 作品 的 创作 和 传播 ， 促进 社会主义 文化 和 科
学事业 的 发展 与 繁荣 ， 根据 宪法 制定 本法 。
第二条    中国 公民 、 法人 或者 其他 组织 的 作品 ， 不论 是否 发表 ， 依照 本法 享有 著作
权 。
```

(仅显示部分结果)

【解读】

(1) text = open(r"D:\python test\14_wordcloud\ChineseCopyrightLaw_chn.txt").read()：open()函数用于打开文件，括号内为文件路径；read()函数用于读取文件中的内容；这一过程被定义为变量 text。

(2) seg_text = jieba.cut(text, cut_all = False)：对变量 text 做分词处

理,其所需为字符串;cut_all 用于控制是否为全模式,cut_all = False
表示精确模式,适于文本分析之用;这一过程被定义为变量 seg_text。

(3) print " ".join(seg_text):把经分词处理的内容连接成字符串并打印在
操作界面上。

2.4.2 非独立存储的语料文本

【代码】将结果打印在界面上

text = """现在我把这部著作的第一卷交给读者。这部著作是我 1859 年发
表的《政治经济学批判》的续篇。初篇和续篇相隔很久,是由于多年的疾病一
再中断了我的工作。前书的内容已经概述在这一卷的第一章中。在情况许可
的范围内,前书只是略略提到的许多论点,这里都作了进一步的阐述;相反地,
前书已经详细阐述的论点,这里只略略提到。"""

seg_text = jieba.cut(text, cut_all = False)

print " ".join(seg_text)

【运行结果】

```
In [205]: 现在 我 把 这部 著作 的 第一卷 交给 读者 。 这部 著作 是 我 1859 年 发表 的
《 政治经济学 批判 》 的 续篇 。 初篇 和 续篇 相隔 很 久 , 是 由于 多年 的 疾病 一再 中断 了
我 的 工作 。 前书 的 内容 已经 概述 在 这 一卷 的 第一章 中 。 在 情况 许可 的 范围 内 ,
前书 只是 略略 提到 的 许多 论点 , 这里 都 作 了 进一步 的 阐述 ; 相反 地 , 前书 已经
详细 阐述 的 论点 , 这里 只 略略 提到 。
```

【解读】

(1) text = """..."""：将文本内容定义为字符串。

(2) seg_text = jieba.cut(text, cut_all = False)：同 2.4.1 节代码三的"解
读(2)"。

(3) print " ".join(seg_text)：同 2.4.1 节代码三的"解读(3)"。

(4) 若需将结果打印成一个文件,请参见 2.4.1 节代码二。

第3章
语料库应用的基础性代码

3.1 概　述

　　本章旨在描述并说明与语料库研究和应用相关的各种功能的代码,由三部分组成:第一部分是语料文本的降噪处理,包括停用词的使用、规则性降噪代码、语言学处理代码;第二部分是语料库的统计与检索,包括词频排序、上下文关键词检索、类符形符比、N 连词提取;第三部分是中文语料文本的处理。上述功能代码均按现有语料库技术所涉及的功能而确定,均属于基础性代码,是习得 Python 编程能力并实现语料库应用的基础。本章的具体内容亦按照语料库处理流程的模式进行安排,即先从语料库降噪处理的基础性代码开始,再到语料库语言学处理代码,最后才是与语料库实际应用相关的代码。但各种代码彼此之间独立。在展开语料库数据检索和统计之前,必须对语料库进行降噪或语言学处理,否则会影响到最终结果的准确性。上一章的语料文本读取代码和本章的降噪代码都属于语料库应用必须实施的两个步骤,而语言学处理代码则必须按照具体算法的需要方可应用,例如,词性标注代码或词形还原代码,前者可应用于短语提取,后者可应用于术语合并。

　　使用停用词的目的也是在于降噪,而非仅仅把降噪任务留给具体的降噪代码。两者降噪的方式有所不同,使用停用词做降噪处理需要为此设置有待降噪的词汇,如需要清除所有罗马数字时,而具体的降噪代码则是根据规则做降噪处理,如清除文本中的非字母元素。当然,两者也可结合使用,相互弥补因具体任务要求而出现的不足。在本章的语言学处理代码中,字母大小写转换也具有降噪的作用,可以使后续的词频统计更为准确。所列举的词形还原代码似乎在未标明词性时仅能处理名词,当然词性标注还必须准确,否则无法进行准确识别。

可应用于词性标注的方法相对较多,其中的自学习型词性标注法非常可取,其前提是必须拥有较大数量的已标注文本。在读取语料文本之后,对其做分句或分词处理是后续处理的必需,因为与语料库应用相关的代码多数需要将语料文本转换成链表,即先进行分词处理。语料库词频排序相当于语料库语言学软件WordSmith 的 WordList 功能,若想结合 WordSmith 使用 Python,则务必注意WordSmith 已经把语料文本降噪至何种程度。就此而言,后续的类符形符比亦须注意这一点。N 连词的提取虽已有所改进,但始终存在提升空间,这一部分留待后续章节解读。相对于英文语料而言,使用 Python 处理中文语料时因编码问题显得繁琐一些,幸好 jieba 中文文本分析器的出现弥补了这一不足。

　　学习本章的目的不仅在于掌握这些具体的基础性编程代码,还需要领悟每一行代码所代表的语言学意义。唯有如此,方可解决后续代码组合使用中所面临的问题。

3.2　停用词的使用

　　在使用 Python 时,可供使用的停用词有两类:一是 NLTK 固有停用词,二是自行设置的停用词。NLTK 固有停用词又可按语种划分,如英语或德语;自行设置的停用词可视需要设定,如希望清除法律文本中的"thereto""thereon""therefor""thereof""therein""thereby""thereunder""hereafter""thereunder""therewith"等词汇时,则可将其设置为停用词。上述两类停用词可同时调用。

　　停用词均为按具体需要设置而成,其所构成的停用词表仅适用于具体的要求。没有一种停用词表可适用于所有的文本情形或任何一种软件工具。

3.2.1　不同语种的停用词

【代码】

```
from nltk.corpus import stopwords
stopwords.words('english')
```

【运行结果】

```
[u'i', u'me', u'my', u'myself', u'we', u'our', u'ours', u'ourselves',
u'you', u'your', u'yours', u'yourself', u'yourselves', u'he', u'him',
u'his', u'himself', u'she', u'her', u'hers', u'herself', u'it', u'its',
```

u'itself', u'they', u'them', u'their', u'theirs', u'themselves', u'what', u'which', u'who', u'whom', u'this', u'that', u'these', u'those', u'am', u'is', u'are', u'was', u'were', u'be', u'been', u'being', u'have', u'has', u'had', u'having', u'do', u'does', u'did', u'doing', u'a', u'an', u'the', u'and', u'but', u'if', u'or', u'because', u'as', u'until', u'while', u'of', u'at', u'by', u'for', u'with', u'about', u'against', u'between', u'into', u'through', u'during', u'before', u'after', u'above', u'below', u'to', u'from', u'up', u'down', u'in', u'out', u'on', u'off', u'over', u'under', u'again', u'further', u'then', u'once', u'here', u'there', u'when', u'where', u'why', u'how', u'all', u'any', u'both', u'each', u'few', u'more', u'most', u'other', u'some', u'such', u'no', u'nor', u'not', u'only', u'own', u'same', u'so', u'than', u'too', u'very', u's', u't', u'can', u'will', u'just', u'don', u'should', u'now', u'd', u'll', u'm', u'o', u're', u've', u'y', u'ain', u'aren', u'couldn', u'didn', u'doesn', u'hadn', u'hasn', u'haven', u'isn', u'ma', u'mightn', u'mustn', u'needn', u'shan', u'shouldn', u'wasn', u'weren', u'won', u'wouldn']

【解读】

(1) from nltk.corpus import stopwords：加载 NLTK 的 corpus 模块中的停用词。

(2) stopwords.words('english')：在启动停用词模块后调取英文停用词；从运行结果可见，英文固有停用词主要为代词、介词、冠词、某些词的否定形式等。

(3) stopwords.words('german')：调取德文停用词的代码；德文停用词共有 231 个。

3.2.2 自有停用词的设置

【代码一】写入代码内的停用词

```
from nltk.corpus import stopwords
stop_words = set(stopwords.words('english'))
stop_words.update(['thereto', 'thereon', 'therefor', 'thereof', 'therein',
                   'thereby', 'thereunder', 'hereafter', 'therewith'])
stop_words.update(['one', 'two', 'three', 'four', 'five', 'six', 'seven',
                   'eight', 'nine', 'ten'])
```

【运行结果】

```
In [1]: from nltk.corpus import stopwords
   ...: stop_words = set(stopwords.words('english'))
   ...: stop_words.update(['thereto', 'thereon', 'therefor', 'thereof', 'therein',
   ...:                     'thereby', 'thereunder', 'hereafter', 'therewith'])
   ...: stop_words.update(['one', 'two', 'three', 'four', 'five', 'six', 'seven',
   ...:                     'eight', 'nine', 'ten'])

In [2]:
```

【解读】

(1) 上述代码不显示运行结果，需要结合其他代码一起使用。

(2) stop_words = set(stopwords.words('english'))：调取英文停用词，并定义为变量 stop_words。

(3) stop_words.update([])：对 stop_words 变量进行更新，更新内容须添加在后面的方括号"[]"之内。

(4) 建议将不同的停用词实施分类管理，分别添加在不同的"[]"之内。如上述代码所示，分别将量词和法律文本中常见的特有副词分为两类。又如，若还想把单个大写字母和序数词作为特定目的的停用词，则可将其表示为：

stop_words.update(['A', 'B', 'C', 'D', 'E', 'F', 'G', 'H', 'I', 'J', 'K','L', 'M', 'N', 'O', 'P', 'Q', 'R', 'S', 'T', 'U', 'V', 'W', 'X', 'Y', 'Z'])

stop_words.update(['first', 'second', 'third', 'forth', 'fifth', 'sixth', 'seventh', 'eighth', 'ninth', 'tenth'])

(5) 停用词的设置应该与具体的文本或语料所属的领域相结合。以法律文本为例，为了提取多连词名词搭配，除了上述代码中的停用词外，亦可将某些常见的又无助于提取名词搭配的副词如"otherwise""insofar""pursuant"等设置为停用词，同时还可以将罗马数字"ii""iii""iv""v""vi""vii""viii""ix""xi""xii""xiii""xiv""xv""xvi""xvii""xviii""xix""xx"等设为停用词。

(6) 本段代码是把自有停用词和 NLTK 固有停用词结合在一起使用。

【代码二】写入文件内的停用词

stopword_file = r'D:\python_coding\171101_stopword_list2.txt'

f = open(stopword_file, 'r')

f_read = f.read()

f.close()

stopword_list = f_read.split(', ')

print stopword_list

【运行结果】

```
In [8]: stopword_file = r'D:\python_coding\171101_stopword_list2.txt'
   ...: f = open(stopword_file, 'r')
   ...: f_read = f.read()
   ...: f.close()
   ...: stopword_list = f_read.split(', ')
   ...: print stopword_list
['ii', 'iii', 'iv', 'v', 'vi', 'vii', 'viii', 'ix', 'xi', 'xii', 'xiii', 'xiv', 'xv', 'xvi',
'xvii', 'xviii', 'xix', 'xx', 'thereto', 'thereon', 'following', 'therefor', 'thereof',
'therein', 'thereby', 'thereunder', 'hereafter', 'thereunder', 'therewith', 'otherwise',
'insofar', 'pursuant']
```

【解读】

(1) stopword_file = r'D:\python_coding\171101_stopword_list2.txt':本例将上文所述的罗马数字、法律文本常用副词和无助于提取名词搭配的副词编写为一个 txt 文件,并保存在 D 盘下的 python_coding 文件夹内,并定义为变量 stopword_file,以供后续调用。

(2) f = open(stopword_file, 'r'):open()为打开文件的函数,'r'表示以只读方式打开文件;该条代码是以只读方式打开停用词文件 stopword_file,并定义为变量 f。

(3) f_read = f.read():read()为读取文件函数;该条代码表示读取文件 f 的内容,并定义为变量 f_read。

(4) stopword_list = f_read.split(', '):split()函数用于将字符串分割成链表;f_read.split(', ')表示将读取的内容 f_read 分割成链表,并定义为变量 stopword_list。

(5) print stopword_list:在交互界面打印结果;注意 print 命令一般用于显示少量的运行结果,若信息量过大,建议采用输出文件形式。

(6) 本段代码可用于自定义停用词,即在不使用 NLTK 固有停用词的情况下,仅使用自定义停用词对文本做降噪处理。

3.3　文本降噪代码

不同的代码其文本降噪功能各不相同,关键在于需要将文本降噪至何种程度,用于何种目的。降噪时,既可以是清除标点符号或数字,也可以是清除不需要的单词,如停用词。而使用停用词的方法,既可采用 NLTK 固有停用词,也可以按文本使用的需要自行设置通用词(参见 3.2 节"停用词的使用"部分)。以下分析具体代码的功用(清除标点符号、清除数字、清除非字母字符)以及不同代码组合使用的功用。

3.3.1　具体代码的功用

【代码一】用于清除文本中的标点符号

用于降噪的文本:Springer Handbook provides a concise compilation of approved key information on methods of research, general principles, and functional relationships in physical and applied sciences. The world's leading experts in the fields of physics and engineering will be assigned by one or several renowned editors to write the chapters comprising each volume. The content is selected by these experts from Springer sources (books, journals, online content) and other systematic and approved recent publications of scientific and technical information.

使用 Word 的统计结果:77 个词,其中"world's"计数为一个词,"(books,"也计为一个词。也即,Word 不计算标点符号等,仅计数单词本身。

降噪代码如下:

x = [word.lower() for word in myfiles if word not in punctuation]

```
x = [word.lower() for word in myfiles if word not in punctuation]
```

将其写入代码段内:

```
from nltk.corpus import PlaintextCorpusReader
corpus_root = r"D:\python test\1"
corpora = PlaintextCorpusReader(corpus_root, ['total book1.txt'])
corpora.fileids()
myfiles = corpora.words('total book1.txt')
len(myfiles)
```

(以上为加载自制语料库的代码)

```
from string import punctuation
x = [word.lower() for word in myfiles if word not in punctuation]
len(x)
```

【运行结果】

```
In [19]: from nltk.corpus import PlaintextCorpusReader
    ...: corpus_root = r"D:\python test\1"
    ...: corpora = PlaintextCorpusReader(corpus_root, ['total book1.txt'])
    ...: corpora.fileids()
    ...: myfiles = corpora.words('total book1.txt')
    ...: len(myfiles)
Out[19]: 88
In [20]: from string import punctuation
    ...: x = [word.lower() for word in myfiles if word not in punctuation]
    ...: len(x)
Out[20]: 78
```

【解读】

（1）Out[19] 的输出结果为 88，系未经降噪处理的结果。计数结果的构成：77 个单词、"world's" 计数为 3 个（实际应计数为 2）、其他标点符号和括号计数为 9。

（2）运用代码计数时，"world's" 计数为两个即 "word" 和 "'s"，而 Word 将其计数为一个。故降噪后输出结果为 78，比 Word 计数的 77 个多出一个。

（3）if word not in punctuation：表示清除包括括号在内的所有标点符号。

（4）word.lower() for word in myfiles：将文本 myfiles 中的单词均改为小写。

（5）from nltk.corpus import PlaintextCorpusReader：从 NLTK 的 corpus 模块中加纯文本语料库阅读器 PlaintextCorpusReader。

（6）corpus_root = r"D:\python test\1"：所载入的语料文本的存储位置，corpus_root 为可自行定义的变量名，一般利于理解即可。

（7）corpora.fileids()：调取所选定的文本。

（8）len(myfiles)：运行后可得出 88 个字符（形符 + 标点符号等）。

（9）from string import punctuation：加载 string 模块中的 punctuation，用于清除标点符号。

（10）x = [word.lower() for word in myfiles if word not in punctuation]：x 为自定义变量，用于表示 "=" 后面的代码，便于后续代码的表达，如 len(x)。

【代码二】用于清除文本中的数字

用于降噪的文本：Springer Handbook provides a concise compilation of

approved key information on methods of research，general principles，and functional relationships in physical and applied sciences. The world's leading experts in the fields of physics and engineering will be assigned by one or several renowned editors to write the chapters comprising each volume. The content is selected by these experts from Springer sources（books，journals，online content）and other systematic and approved recent publications of scientific and technical information. This handbook contains 3 volumes.

相比 3.3.1 节代码一的降噪文本，多出了最后一段"This handbook contains 3 volumes."，计数为 4 个单词、1 个数字、1 个标点符号，共计 6 个。

降噪代码如下：

x =［word for word in myfiles if not word.isdigit()］

将其写入代码段内：

（调用文本的代码段同 3.3.1 节代码一）

x =［word for word in myfiles if not word.isdigit()］

len(x)

【运行结果】

```
In [30]: from nltk.corpus import PlaintextCorpusReader
    ...: corpus_root = r"D:\python test\1"
    ...: corpora = PlaintextCorpusReader(corpus_root, ['total book1.txt'])
    ...: corpora.fileids()
    ...: myfiles = corpora.words('total book1.txt')
    ...: len(myfiles)
Out[30]: 94
In [31]: x = [word for word in myfiles if not word.isdigit()]
    ...: len(x)
Out[31]: 93
```

【解读】

（1）len(myfiles)：运行后可得出 94 个字符，即为 88 + 6 = 94。

（2）len(x)：运行结果为 93，比 94 少 1，表示数字"3"已清除。

（3）word.isdigit()：测试 word 中所有字符是否都是数字。

【代码三】用于清除文本中的非字母字符

降噪代码如下：

x =［word.lower() for word in text1 if word.isalpha()］

将其写入代码段内：

（调用文本的代码段同 3.3.1 节代码一；用于降噪的文本同 3.3.1 节代

码二)

x = [word.lower() for word in myfiles if word.isalpha()]

len(x)

【运行结果】

```
In [33]: x = [word.lower() for word in myfiles if word.isalpha()]
    ...: len(x)
Out[33]: 82
```

【解读】

(1) 运行结果为 82,比 3.3.1 节代码一的运行结果多出 4 个,表示最后一句"This handbook contains 3 volumes."中的数字和标点符号均被清除,只留下 4 个单词本身,即 78 + 4 = 82。

(2) 与 3.3.1 节代码一和代码二相比,代码三节的降噪功能更为彻底,即仅保留英文单词本身。

(3) word.isalpha():isalpha()函数用于测试 word 中所有字符是否都是字母。

3.3.2　组合使用代码的功用

本段代码是将标点符号和数字的清除代码合二为一。

【代码】

(用于降噪的文本见 3.3.1 节代码二)

from string import punctuation

x = [word.lower() for word in myfiles if word not in punctuation]

y = [word for word in x if not word.isdigit()]

len(y)

【运行结果】

```
In [55]: from string import punctuation
    ...: x = [word.lower() for word in myfiles if word not in punctuation]
    ...: y = [word for word in x if not word.isdigit()]
    ...: len(y)
Out[55]: 82
```

【解读】

(1) 运行结果为 82,等同于 3.3.1 节代码三的结果,因文本中有待清除的字符仅为标点符号和数字。

（2）若文本除了标点符号和数字外，可能还有其他的字符，则选用
3.3.1节代码三更为合理，即确认所需文本是否均为字母即 word.
isalpha（）。

（3）本代码是 3.3.1 节代码二和代码三的组合代码，须注意两条代码的前
后逻辑衔接。

3.3.3　降噪与文本计数

本小节旨在通过对比 Microsoft 的 Word 软件、语料库语言学工具
WordSmith 和 Python 编程语言三款软件所统计出的字符或形符数，来检验由
不同软件工具所得出的统计结果之间是否具有可比性。文本统计对象为英文
版 *Springer Handbook of Ocean Engineering* 文本。Word 统计结果见图 3.1
所示，WordSmith 统计结果见图 3.2 所示，Python 统计结果的形符数为
908 836、类符数为 30 373。这三款软件的统计结果对比见表 3.1。

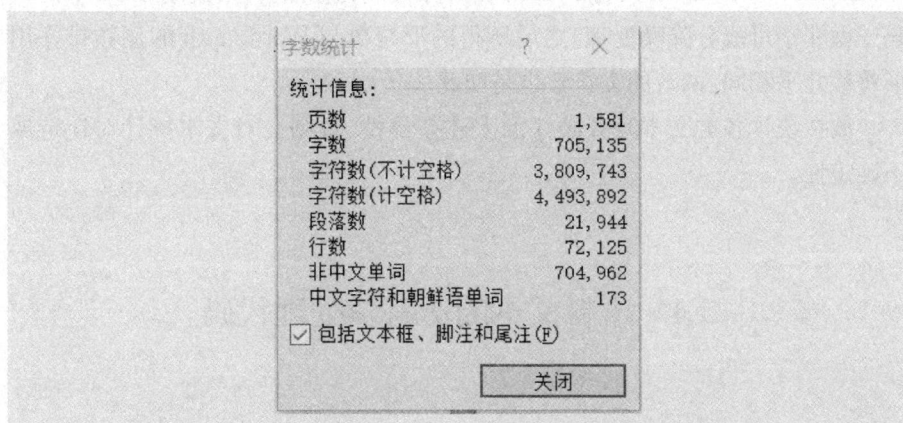

图 3.1　Microsoft 的 Word 软件对文本对象的统计结果

图 3.2　语料库语言学工具 WordSmith 对文本对象的统计结果

表 3.1 Word 软件、WordSmith 和 Python 三款软件的文本统计结果对比

	Word	WordSmith	Python + NLTK
形符	705 135（英文词，不含标点符号）	741 877（running words） 686 816（tokens used for word list）	908 836（未经任何降噪处理） 686 918（去除数字和标点符号）
类符		21 636（distinct words）	30 373（未经任何降噪处理） 21 607（去除数字和标点符号）

从表 3.1 可见，三款软件的统计结果不尽相同。Word 软件仅统计单词本身，不包含标点，单词与标点符号之间未留空格的算为一个单词如"（metocean）"；WordSmith 将某些词计算为两个，如"I'm"；Python 计数时有降噪和非降噪区分。所以，未经降噪处理的形符计数依次从小到大：Word ＜ WordSmith ＜ Python；只有 Python 在清除数字和标点符号（使用 3.3.1 节的代码三做非字母成分降噪处理）之后所得的形符数与 WordSmith 的词频排序用形符数几乎相同，两者的类符数也是如此。

故在统计各类文本时务必注意上述差异性，否则会对文本统计对比造成不确定性。

3.4 语料文本的语言学处理代码

3.4.1 字母大小写转换

【代码一】文本大小写转换和实义词首字母转大写

```
text = """Springer Handbook provides a concise compilation of approved
key information on methods of research，general principles，and
functional relationships in physical and applied sciences."""
text.lower()
text.upper()
from titlecase import titlecase
titlecase(text)
```

【运行结果】

```
In [37]: text = """Springer Handbook provides a concise compilation of approved key
    ...: information on methods of research, general principles, and functional
    ...: relationships in physical and applied sciences."""
    ...: text.lower()
Out[37]: 'springer handbook provides a concise compilation of approved key
\ninformation on methods of research, general principles, and functional
\nrelationships in physical and applied sciences.'
In [38]: text.upper()
Out[38]: 'SPRINGER HANDBOOK PROVIDES A CONCISE COMPILATION OF APPROVED KEY
\nINFORMATION ON METHODS OF RESEARCH, GENERAL PRINCIPLES, AND FUNCTIONAL
\nRELATIONSHIPS IN PHYSICAL AND APPLIED SCIENCES.'
In [39]: from titlecase import titlecase
    ...: titlecase(text)
Out[39]: u'Springer Handbook Provides a Concise Compilation of Approved Key
\nInformation on Methods of Research, General Principles, and Functional
\nRelationships in Physical and Applied Sciences.'
```

【解读】

(1) text.lower()：使用 lower()函数将 text 中的所有字母均转换成小写，见 Out[37]。

(2) text.upper()：使用 upper()函数将 text 中的所有字母均转换成大写，见 Out[38]。

(3) titlecase(text)：titlecase()函数可将字符串内的实义词转换成首字母大写，见 Out[39]；执行该条代码时须加载 from titlecase import titlecase；为此须在命令提示符内安装该模块，即 pip install titlecase。可将 titlecase()函数应用于处理文章标题或参考文献等对象。

【代码二】提取文本内首字母大写的单词

text = """Springer Handbook provides a concise compilation of approved key information on methods of research，general principles，and functional relationships in physical and applied sciences."""

aaa = text.split()

[w for w in aaa if not w.islower()]

【运行结果】

```
In [72]: text = """Springer Handbook provides a concise compilation of approved ke
    ...: information on methods of research, general principles, and functional
    ...: relationships in physical and applied sciences."""
    ...: aaa = text.split()
    ...: [w for w in aaa if not w.islower()]
Out[72]: ['Springer', 'Handbook']
```

【解读】

(1) aaa = text.split()：需要先行将字符串 text 分割成链表，并定义为变量 aaa。

(2) [w for w in aaa if not w.islower()]：在变量 aaa 中逐一遍历每个单词，凡单词不是小写的即 if not w.islower()，就予提取。

(3) 若将代码修改为[w for w in aaa if w.islower()]，表示凡单词是小写的，就予提取。

【代码三】 将文本转换成大写

text = """Springer Handbook provides a concise compilation of approved key information on methods of research，general principles，and functional relationships in physical and applied sciences."""

aaa = text.split()

bbb = [w.upper() for w in aaa]

''.join(bbb)

【运行结果】

```
In [75]: text = """Springer Handbook provides a concise compilation of approved key
    ...: information on methods of research, general principles, and functional
    ...: relationships in physical and applied sciences."""
    ...: aaa = text.split()
    ...: bbb = [w.upper() for w in aaa]
    ...: ' '.join(bbb)
Out[75]: 'SPRINGER HANDBOOK PROVIDES A CONCISE COMPILATION OF APPROVED KEY INFORMATION
ON METHODS OF RESEARCH, GENERAL PRINCIPLES, AND FUNCTIONAL RELATIONSHIPS IN PHYSICAL
AND APPLIED SCIENCES.'
```

【解读】

(1) bbb = [w.upper() for w in aaa]：遍历变量 aaa 中的每个单词后将其转换成大写，转换大写的函数为 upper()。

(2) ''.join(bbb)：将链表转换成字符串，呈现出与原文本相同的排序（见 Out[75]），不同之处仅为字母大小写之别。

(3) 转换小写的函数为 lower()。

3.4.2 词形还原

词形还原(lemmatization)是指把一个任何形式的语言词汇还原为一般形式，即词典中的词目或词条，其作用在于降低索引文件所占空间和提高文本处理效率(吴思竹等，2012)。

WordNet 是一个在线的词典参照系统，是在基于人类词汇记忆的认知语言学理论推动下创建而成的。系统中的名词、动词、形容词和副词都被聚类为代表某一基本词汇概念的同义词集合,并在这些同义词集合之间建立起各种语义关系(姚天顺,2001)。

　　NLTK 本身可提供与 WordNet 的接口,在使用 Python 时,能够访问 WordNet 词典,包括对词典中的同义词或原形进行查询。因此,NLTK 的词形还原功能主要是通过对 WordNet 词典的查询进行词缀删除和转换,以获取有效的词汇原形(吴思竹等,2012)。可参见 7.6.3 节。

【代码】

from nltk.stem import WordNetLemmatizer

wnl = WordNetLemmatizer()

wnl.lemmatize('universities')

wnl.lemmatize('was', 'v')

wnl.lemmatize('happier', 'a')

【运行结果】

```
In [35]: from nltk.stem import WordNetLemmatizer
    ...: wnl = WordNetLemmatizer()
    ...: wnl.lemmatize('universities')
Out[35]: u'university'
In [36]: wnl.lemmatize('was', 'v')
Out[36]: u'be'
In [37]: wnl.lemmatize('happier', 'a')
Out[37]: u'happy'
```

【解读】

(1) nltk.stem:NLTK 的一个模块,用于字符串处理,其功能为“分解句子提取主干”。

(2) WordNetLemmatizer:NLTK 词形还原器,用于词形还原。

(3) from nltk.stem import WordNetLemmatizer:从 NLTK 的 stem 模块中加载词形还原器 WordNetLemmatizer。

(4) wnl = WordNetLemmatizer():将词形还原器 WordNetLemmatizer()定义为变量 wnl,便于后续代码的文字表达, 如 wnl.lemmatize('happier', 'a')。

(5) wnl.lemmatize('happier', 'a'):该条代码系命令给出还原后的词形;lemmatize()是执行词形还原的函数;a 表示所需还原的单词为形容词。

(6) 本段代码用于词形还原,即把名词、动词和形容词还原成原形。代码利用词形还原器 WordNetLemmatizer 进行词形还原,其关键是词性标注必须正确,否则无法执行。例如,将 wnl.lemmatize('happier', 'a')中的 a 设置为 v,则无法将"happier"还原为"happy"。

(7) wnl.lemmatize('universities'):还原名词时无需标注词性,动词和形容词则必须标明,因为词形还原器 WordNetLemmatizer()默认的还原对象仅为名词。

3.4.3　文本分句或分词

本节所用文本:Springer Handbook provides a concise compilation of approved key information on methods of research, general principles, and functional relationships in physical and applied sciences. The world's leading experts in the fields of physics and engineering will be assigned by one or several renowned editors to write the chapters comprising each volume. The content is selected by these experts from Springer sources (books, journals, online content) and other systematic and approved recent publications of scientific and technical information. This handbook contains 3 volumes.

用于代码一时,该文本被保存为本地文件;用于代码二时,被保存为非独立存储的语料文本,即作为字符串赋值给变量 text。

【代码一】用于由 PlaintextCorpusReader 读取的语料文本的分句或分词

```
import nltk
from nltk.corpus import PlaintextCorpusReader
corpus_root = r"D:\python test\1"
corpora = PlaintextCorpusReader(corpus_root, ['total book1.txt'])
corpora.fileids()
corpora.words('total book1.txt')
corpora.sents('total book1.txt')
```

【运行结果】

```
In [176]: import nltk
    ...: from nltk.corpus import PlaintextCorpusReader
    ...: corpus_root = r"D:\python test\1"
    ...: corpora = PlaintextCorpusReader(corpus_root, ['total book1.txt'])
    ...: corpora.fileids()
    ...: corpora.words('total book1.txt')

In [177]: Out[176]: [u'Springer', u'Handbook', u'provides', u'a', ...]
```

```
In [179]: corpora.sents('total book1.txt')
Out[179]: [[u'Springer', u'Handbook', u'provides', u'a', u'concise', u'compilation',
u'of', u'approved', u'key', u'information', u'on', u'methods', u'of', u'research',
u',', u'general', u'principles', u',', u'and', u'functional', u'relationships', u'in',
u'physical', u'and', u'applied', u'sciences', u'.'], [u'The', u'world', u"'", u's',
u'leading', u'experts', u'in', u'the', u'fields', u'of', u'physics', u'and',
u'engineering', u'will', u'be', u'assigned', u'by', u'one', u'or', u'several',
u'renowned', u'editors', u'to', u'write', u'the', u'chapters', u'comprising', u'each',
u'volume', u'.'], ...]
```

【解读】

（1）import nltk 和 from nltk.corpus import PlaintextCorpusReader：加载 NLTK 模块和 NLTK 的 corpus 模块中的 PlaintextCorpusReader。

（2）corpora.fileids()：检索语料库 corpora 中的相关文件。

（3）corpora.words(' total book1.txt')：对语料库中的相应文本做分词处理，成为一个有单词构成的链表，如[176]所示。

（4）corpora.sents(' total book1.txt')：对语料库中的相应文本做分句处理，文本先被分句，然后在分句内再行分词；如[179]所示，大链表系由分句组成，小链表是由每一个分句中的单词组成。

【代码二】用于非独立存储的字符串文本的分句或分词

text = """Springer Handbook provides a concise compilation of approved key information on methods of research，general principles，and functional relationships in physical and applied sciences. The world's leading experts in the fields of physics and engineering will be assigned by one or several renowned editors to write the chapters comprising each volume. The content is selected by these experts from Springer sources（books，journals，online content）and other systematic and approved recent publications of scientific and technical information."""

import nltk

from nltk import word_tokenize

nltk.word_tokenize(text)

nltk.sent_tokenize(text)

【运行结果】

```
In [2]: nltk.word_tokenize(text)
Out[2]:
['Springer',
 'Handbook',
 'provides',
```

```
'a',
'concise',
'compilation',
'of',
'approved',
'key',
'information',
'on',
'methods',

In [3]: nltk.sent_tokenize(text)
Out[3]:
['Springer Handbook provides a concise compilation of approved key \ninformation on
methods of research, general principles, and functional \nrelationships in physical and
applied sciences.',
 "The world's leading \nexperts in the fields of physics and engineering will be
assigned by \none or several renowned editors to write the chapters comprising each
\nvolume.",
 'The content is selected by these experts from Springer sources \n(books, journals,
online content) and other systematic and approved \nrecent publications of scientific
and technical information.']
```

【解读】

(1) import nltk 和 from nltk import word_tokenize：加载 NLTK 模块和 NLTK 模块中的 word_tokenize。

(2) nltk.word_tokenize(text)：对字符串文本做分词处理，成为一个如 [2]所示的由单词组成的链表。

(3) nltk.sent_tokenize(text)：对字符串文本做分句处理，成为一个如[3] 所示的由句子组成的链表。

(4) 本段代码加载了 from nltk import word_tokenize，亦可加载 sent_tokenize，注意 word_tokenize 和 sent_tokenize 两者加载之一即可。见下：

```
import nltk
from nltk import sent_tokenize
nltk.word_tokenize(text)
nltk.sent_tokenize(text)
```

【代码三】 用于 NLTK 固有语料库

from nltk.corpus import inaugural

inaugural.words('2017 – Trump.txt')

inaugural.sents('2017 – Trump.txt')

【运行结果】

```
In [2]: inaugural.words('2017-Trump.txt')
Out[2]: [u'Chief', u'Justice', u'Roberts', u',', u'President', ...]
```

```
In [3]: inaugural.sents('2017-Trump.txt')
Out[3]: [[u'Chief', u'Justice', u'Roberts', u',', u'President', u'Carter', u',',
u'President', u'Clinton', u',', u'President', u'Bush', u',', u'President', u'Obama',
u',', u'fellow', u'Americans', u'and', u'people', u'of', u'the', u'world', u',',
u'thank', u'you', u'.', u'We', u',', u'the', u'citizens', u'of', u'America', u',',
u'are', u'now', u'joined', u'in', u'a', u'great', u'national', u'effort', u'to',
u'rebuild', u'our', u'country', u'and', u'restore', u'its', u'promise', u'for', u'all',
u'of', u'our', u'people', u'.', u'Together', u',', u'we', u'will', u'determine',
u'the', u'course', u'of', u'America', u'and', u'the', u'world', u'for', u'many', u',',
u'many', u'years', u'to', u'come', u'.'], [u'We', u'will', u'face', u'challenges',
u',', u'we', u'will', u'confront', u'hardships', u',', u'but', u'we', u'will', u'get',
u'the', u'job', u'done', u'.'], ...]
```

【解读】

（1）from nltk.corpus import inaugural：读取 NLTK 语料库 inaugural。

（2）inaugural.words('2017－Trump.txt')：对语料库中特朗普总统的就职演说文本做分词处理，见[2]。

（3）inaugural.sents('2017－Trump.txt')：对语料库中特朗普总统的就职演说文本做分句处理；如[3]所示，除了分句外，每一句均已做分词处理。

3.4.4　词性标注

【代码一】词性标注

text = """Springer Handbook provides a concise compilation of approved key information on methods of research，general principles，and functional relationships in physical and applied sciences."""

import nltk

text1 = text.split()

nltk.pos_tag(text1)

【运行结果】

```
Out[9]:
[('Springer', 'NNP'),
 ('Handbook', 'NNP'),
 ('provides', 'VBZ'),
 ('a', 'DT'),
 ('concise', 'NN'),
 ('compilation', 'NN'),
 ('of', 'IN'),
 ('approved', 'JJ'),
 ('key', 'JJ'),
 ('information', 'NN'),
 ('on', 'IN'),
 ('methods', 'NNS'),
 ('of', 'IN'),
```

```
                              ('research,', 'JJ'),
                              ('general', 'JJ'),
                              ('principles,', 'NN'),
                              ('and', 'CC'),
                              ('functional', 'JJ'),
                              ('relationships', 'NNS'),
                              ('in', 'IN'),
                              ('physical', 'JJ'),
                              ('and', 'CC'),
                              ('applied', 'JJ'),
                              ('sciences.', 'NN')]
```

【解读】

(1) import nltk：加载 NLTK 模块是与后续代码 nltk.pos_tag()相呼应；这是 NLTK 模块下默认的 pos_tag()词性标注器。

(2) text1 = text.split()：词性标注之前须就字符串文本做分词处理。

(3) nltk.pos_tag(text1)：就文本 text1 进行词性标注，pos_tag()函数用于词性标注。

(4) 代码段中的 text1 = text.split()可用 text1 = nltk.word_tokenize (text)替换（比较本节代码三）。

(5) 经词性标注的文本中的每一个单词均表示为一个元组，每一个元组内含单词本身和标记两部分。

【代码二】词性标注提取词汇

tagged_text = nltk.pos_tag(text1)

noun = [(word, tag) for word, tag in tagged_text if any(pos_tag
            in tag for pos_tag in ['NNP', 'NN'])]

print noun[0:6]

【运行结果】

```
In [28]: tagged_text = nltk.pos_tag(text1)
    ...: noun = [(word, tag) for word, tag in tagged_text if any(pos_tag
    ...:             in tag for pos_tag in ['NNP', 'NN'])]
    ...: print noun[0:6]
[('Springer', 'NNP'), ('Handbook', 'NNP'), ('concise', 'NN'), ('compilation', 'NN'),
('information', 'NN'), ('methods', 'NNS')]
```

【解读】

(1) 本段代码是在代码一的基础上提取名词的。

(2) (word, tag) for word, tag：遍历每一个已标注词性的单词本身和词性标记。

(3) word, tag in tagged_text：经词性标注后的文本 tagged_text 中的单

词本身和词性标记。

(4) if any(pos_tag in tag for pos_tag in ['NNP','NN'])：凡是 NNP 和
NN 的词性标记皆符合要求。

(5) ('concise','NN')：显示是个错误结果。

【代码三】替换为另一种标记集

text = """Springer Handbook provides a concise compilation of approved key
information on methods of research, general principles, and functional
relationships in physical and applied sciences."""

import nltk

tokens = nltk.word_tokenize(text)

tagged_sent = nltk.pos_tag(tokens, tagset='universal')

print tagged_sent

【运行结果】

```
In [2]: text = """Springer Handbook provides a concise compilation of approved key
   ...: information on methods of research, general principles, and functional
   ...: relationships in physical and applied sciences."""
   ...: import nltk
   ...: tokens = nltk.word_tokenize(text)
   ...: tagged_sent = nltk.pos_tag(tokens, tagset='universal')
   ...: print tagged_sent
   ...:
[('Springer', u'NOUN'), ('Handbook', u'NOUN'), ('provides', u'VERB'), ('a', u'DET'),
('concise', u'NOUN'), ('compilation', u'NOUN'), ('of', u'ADP'), ('approved', u'ADJ'), ('key',
u'ADJ'), ('information', u'NOUN'), ('on', u'ADP'), ('methods', u'NOUN'), ('of', u'ADP'),
('research', u'NOUN'), (',', u'.'), ('general', u'ADJ'), ('principles', u'NOUN'), (',', u'.'),
('and', u'CONJ'), ('functional', u'ADJ'), ('relationships', u'NOUN'), ('in', u'ADP'),
('physical', u'ADJ'), ('and', u'CONJ'), ('applied', u'ADJ'), ('sciences', u'NOUN'), ('.',
u'.')]
```

【解读】

(1) 本案例中词性标注器与代码一相同,仅仅替换了标记集即 tagset =
'universal',故两者标记结果相同,仅为标记符号有所区别。

(2) 代码一的 concise 被标注为名词即 NN,本代码也是标注为名词
NOUN,同样是错误的。

(3) tokens = nltk.word_tokenize(text)：加载 NLTK 模块,对文本 text
做分词处理。

(4) print tagged_sent：在界面上横向打印词性标注结果。

【代码四】一元标注器(Bird *et al*. 2014：221)

text = """Springer Handbook provides a concise compilation of approved key
information on methods of research, general principles, and functional

relationships in physical and applied sciences."""

import nltk

tokens = nltk.word_tokenize(text)

from nltk.corpus import brown

brown_tagged_sents = brown.tagged_sents()

unigram_tagger = nltk.UnigramTagger(brown_tagged_sents)

tagged_text = unigram_tagger.tag(tokens)

print tagged_text

【运行结果】

```
In [15]: text = """Springer Handbook provides a concise compilation of approved key
    ...: information on methods of research, general principles, and functional
    ...: relationships in physical and applied sciences."""
    ...: import nltk
    ...: tokens = nltk.word_tokenize(text)
    ...: from nltk.corpus import brown
    ...: brown_tagged_sents = brown.tagged_sents()
    ...: unigram_tagger = nltk.UnigramTagger(brown_tagged_sents)
    ...: tagged_text = unigram_tagger.tag(tokens)
    ...: print tagged_text
[('Springer', None), ('Handbook', u'NN-TL'), ('provides', u'VBZ'), ('a', u'AT'), ('concise',
u'JJ'), ('compilation', u'NN'), ('of', u'IN'), ('approved', u'VBN'), ('key', u'NN'),
('information', u'NN'), ('on', u'IN'), ('methods', u'NNS'), ('of', u'IN'), ('research',
u'NN'), (',', u','), ('general', u'JJ'), ('principles', u'NNS'), (',', u','), ('and', u'CC'),
('functional', u'JJ'), ('relationships', u'NNS'), ('in', u'IN'), ('physical', u'JJ'), ('and',
u'CC'), ('applied', u'VBN'), ('sciences', u'NNS'), ('.', u'.')]
```

【解读】

(1) 本代码段对文本进行词性标注的原则是：先从经词性标注的语料库中学习词性标注方法，再对待标注文本进行词性标注。这里所选的学习对象是整个经词性标注的 Brown 语料库。

(2) from nltk.corpus import brown：加载 NLTK 的 corpus 模块中的 Brown 语料库。

(3) brown_tagged_sents = brown.tagged_sents()：读取经词性标注的 Brown 语料库，并定义为变量 brown_tagged_sents。

(4) unigram_tagger = nltk.UnigramTagger(brown_tagged_sents)：应用 NLTK 模块中的一元标注器 UnigramTagger 对 Brown 语料库进行词性标注学习即训练，并定义为变量 unigram_tagger。

(5) tagged_text = unigram_tagger.tag(tokens)：借助训练结果 unigram_tagger 并通过 tag()函数为分词后的文本进行词性标注。

(6) 从词性标注结果看，"concise"一词的标注现在是正确的（相比较于代码一和代码三而言），其他单词的标注结果也均为正确。这是本段代码学习了整个 Brown 语料库的词性标注方法的结果，但若仅学习其中的一部分，结果却并不理想，其中的 NONE 表示这些词未曾出现在 Brown 语料库汇中。见下：

```
In [17]: text = """Springer Handbook provides a concise compilation of approved key
    ...: information on methods of research, general principles, and functional
    ...: relationships in physical and applied sciences."""
    ...: import nltk
    ...: tokens = nltk.word_tokenize(text)
    ...: from nltk.corpus import brown
    ...: brown_tagged_sents = brown.tagged_sents(categories = 'news')
    ...: unigram_tagger = nltk.UnigramTagger(brown_tagged_sents)
    ...: tagged_text = unigram_tagger.tag(tokens)
    ...: print tagged_text
[('Springer', None), ('Handbook', None), ('provides', u'VBZ'), ('a', u'AT'), ('concise',
None), ('compilation', None), ('of', u'IN'), ('approved', u'VBD'), ('key', u'NN'),
('information', u'NN'), ('on', u'IN'), ('methods', u'NNS'), ('of', u'IN'), ('research',
u'NN'), (',', u','), ('general', u'JJ'), ('principles', u'NNS'), (',', u','), ('and', u'CC'),
('functional', u'JJ'), ('relationships', u'NNS'), ('in', u'IN'), ('physical', u'JJ'), ('and',
u'CC'), ('applied', u'VBN'), ('sciences', None), ('.', u'.')]
```

由此可见，词性标注的训练对象语料库越大，将越有利于词性标注工作的展开。

3.5 语料库词频排序

词频排序是语料库文本处理中常见的一种方法，用于快速检索高低频词。按文本分析的实际要求，可将词频排序分为简单词频排序、降噪处理后词频排序、清除停用词后排序三种方法。经过后两种方法处理后，可得出文本的实义词排序。

3.5.1 简单词频排序

简单词频排序是指仅对语料文本中的所有字符（形符、标点符号、数字等）做排序处理，而不对其做任何语言学处理。

用于处理的文本语料：Springer Handbook provides a concise compilation of approved key information on methods of research, general principles, and functional relationships in physical and applied sciences. The world's leading experts in the fields of physics and engineering will be assigned by one or several renowned editors to write the chapters comprising each volume. The content is selected by these experts from Springer sources（books, journals, online content）and other systematic and approved recent publications of scientific and technical information. This handbook contains 3 volumes.

【代码】

```
from nltk.corpus import PlaintextCorpusReader
corpus_root = r"D:\python test\1"
corpora = PlaintextCorpusReader(corpus_root，['total book1.txt'])
corpora.fileids()
myfiles = corpora.words('total book1.txt')
```

（以上为加载自制语料库的代码）

```
from nltk import FreqDist
fdist = FreqDist(myfiles)
fdist
fdist.N()
```

【运行结果】

```
In [65]: fdist                      u'contains': 1,        u'physical': 1,
Out[65]:                            u'content': 2,         u'physics': 1,
FreqDist({u"'": 1,                  u'each': 1,            u'principles': 1,
         u'(': 1,                   u'editors': 1,         u'provides': 1,
         u')': 1,                   u'engineering': 1,     u'publications': 1,
         u',': 4,                   u'experts': 2,         u'recent': 1,
         u'.': 4,                   u'fields': 1,          u'relationships': 1,
         u'3': 1,                   u'from': 1,            u'renowned': 1,
         u'Handbook': 1,            u'functional': 1,      u'research': 1,
         u'Springer': 2,            u'general': 1,         u's': 1,
         u'The': 2,                 u'handbook': 1,        u'sciences': 1,
         u'This': 1,                u'in': 2,              u'scientific': 1,
         u'a': 1,                   u'information': 2,     u'selected': 1,
         u'and': 6,                 u'is': 1,              u'several': 1,
         u'applied': 1,             u'journals': 1,        u'sources': 1,
         u'approved': 2,            u'key': 1,             u'systematic': 1,
         u'assigned': 1,            u'leading': 1,         u'technical': 1,
         u'be': 1,                  u'methods': 1,         u'the': 2,
         u'books': 1,               u'of': 4,              u'these': 1,
         u'by': 2,                  u'on': 1,              u'to': 1,
         u'chapters': 1,            u'one': 1,             u'volume': 1,
         u'compilation': 1,         u'online': 1,          u'volumes': 1,
         u'comprising': 1,          u'or': 1,              u'will': 1,
         u'concise': 1,             u'other': 1,           u'world': 1,
                                                           u'write': 1})
In [66]: fdist.N()

In [67]: Out[66]: 94
```

【解读】

(1) 由于未对文本做降噪处理，排序结果将标点符号和数字等字符均计入其中，且区分大小写。

(2) from nltk import FreqDist：从 NLTK 模块中加载频率分布函数 FreqDist，可将所有字符按字母顺序排列，并显示其出现频率。

(3) fdist = FreqDist(myfiles)：创建给定样本 myfiles 的频率分布，并定义为变量 fdist。

(4) fdist：显示上述结果[65]。

(5) fdist.N()：显示样本 myfiles 的总数，即总形符数。

3.5.2 降噪处理后词频排序

本降噪处理过程是指仅保留字母符号，并将所有字母转为小写。

【代码】

（加载自制语料库的代码见 3.5.1 节）

```
from nltk import FreqDist
x = [word.lower() for word in myfiles if word.isalpha()]
fdist = FreqDist(x)
fdist
fdist.N()
```

【运行结果】

```
Out[67]:
FreqDist({u'a': 1,            u'general': 1,        u'relationships': 1,
          u'and': 6,          u'handbook': 2,       u'renowned': 1,
          u'applied': 1,      u'in': 2,             u'research': 1,
          u'approved': 2,     u'information': 2,    u's': 1,
          u'assigned': 1,     u'is': 1,             u'sciences': 1,
          u'be': 1,           u'journals': 1,       u'scientific': 1,
          u'books': 1,        u'key': 1,            u'selected': 1,
          u'by': 2,           u'leading': 1,        u'several': 1,
          u'chapters': 1,     u'methods': 1,        u'sources': 1,
          u'compilation': 1,  u'of': 4,             u'springer': 2,
          u'comprising': 1,   u'on': 1,             u'systematic': 1,
          u'concise': 1,      u'one': 1,            u'technical': 1,
          u'contains': 1,     u'online': 1,         u'the': 4,
          u'content': 2,      u'or': 1,             u'these': 1,
          u'each': 1,         u'other': 1,          u'this': 1,
          u'editors': 1,      u'physical': 1,       u'to': 1,
          u'engineering': 1,  u'physics': 1,        u'volume': 1,
```

```
        u'experts': 2,        u'principles': 1,     u'volumes': 1,
        u'fields': 1,         u'provides': 1,       u'will': 1,
        u'from': 1,           u'publications': 1,   u'world': 1,
        u'functional': 1.     u'recent': 1.        u'write': 1})
In [68]: fdist.N()

In [69]: Out[68]: 82
```

【解读】

x = [word.lower() for word in myfiles if word.isalpha()]：变量 x 具有两个功能，一是 word.lower()将所有字符转为小写，二是 if word.isalpha()清除所有不是字母的字符。

3.5.3 清除停用词后排序

Python 可供使用的停用词有两部分：一是 NLTK 固有停用词；二是自行设置的停用词。前者的英文停用词有 153 个，后者可根据具体需要自行设置（参见 3.2 节"停用词的使用"部分）。

加载 NLTK 固有停用词的代码如下：

from nltk.corpus import stopwords

stopwords.words('english')

将其写入代码段内：

（加载自制语料库的代码见 3.5.1 节）

import nltk

from nltk.corpus import stopwords

stop_words = nltk.corpus.stopwords.words('english')

from nltk import FreqDist

x = [word.lower() for word in myfiles if word.isalpha()]

y = [word for word in x if word not in stop_words]

fdist = FreqDist(y)

fdist

fdist.N()

【运行结果】

```
        Out[30]:                        u'one': 1,
        FreqDist({u'applied': 1,        u'online': 1,
                 u'approved': 2,         u'physical': 1,
```

```
              u'assigned': 1,        u'physics': 1,
              u'books': 1,           u'principles': 1,
              u'chapters': 1,        u'provides': 1,
              u'compilation': 1,     u'publications': 1,
              u'comprising': 1,      u'recent': 1,
              u'concise': 1,         u'relationships': 1,
              u'contains': 1,        u'renowned': 1,
              u'content': 2,         u'research': 1,
              u'editors': 1,         u'sciences': 1,
              u'engineering': 1,     u'scientific': 1,
              u'experts': 2,         u'selected': 1,
              u'fields': 1,          u'several': 1,
              u'functional': 1,      u'sources': 1,
              u'general': 1,         u'springer': 2,
              u'handbook': 2,        u'systematic': 1,
              u'information': 2,     u'technical': 1,
              u'journals': 1,        u'volume': 1,
              u'key': 1,             u'volumes': 1,
              u'leading': 1,         u'world': 1,
              u'methods': 1,         u'write': 1})
In [31]: fdist.N()
Out[31]: 51
```

【解读】

(1) import nltk 和 from nltk.corpus import stopwords：加载 NLTK 模块和加载 NLTK 的 corpus 模块中的固有停用词。

(2) stop_words = nltk.corpus.stopwords.words('english')：加载模块中的英文固有停用词，并定义为变量 stop_words。

(3) y = [word for word in x if word not in stop_words]：清除经过上一步处理的文本 x 中的停用词，并定义为变量 y。

3.6　语料库检索与统计

3.6.1　上下文关键词检索

本小节案例所用语料为英文版 *Springer Handbook of Ocean Engineering* 一书的内容，Python 统计近 908 836 个字符数，即未经任何降噪处理的字符数（见 3.3.3 节）。

【代码】

```
import nltk
from nltk.corpus import PlaintextCorpusReader
corpus_root = r"D:\python test\1"
corpora = PlaintextCorpusReader(corpus_root，[' total book5.txt'])
corpora.fileids()
myfiles = nltk.Text(corpora.words(' total book5.txt'))
myfiles.concordance(' engineering')
```

【运行结果】

```
In [3]: myfiles.concordance('engineering')
Displaying 25 of 568 matches:
                              Engineering Springer Handbooks provide a conc
erts in the fields of physics and engineering will be assigned by one or several
ided . Springer Handbook of Ocean Engineering Manhar R . Dhanak , Nikolaos I .
 The Inst . for Ocean and Systems Engineering - SeaTech Dania Beach , Florida ,
ol of Naval Architecture & Marine Engineering New Orleans , Louisiana , USA nxi
 the contemporary topics in ocean engineering and ocean technologies . The hand
lved in the many aspects of ocean engineering , including the design , developm
sing 49 chapters that cover ocean engineering basics and four important areas of
 handbook in support of the ocean engineering community . Part C on coastal des
mportant contributions to coastal engineering . Manhar R . Dhanak and Nikolaos
nak , PhD , is Professor of Ocean Engineering and Director of the Institute for
e Institute for Ocean and Systems Engineering ( SeaTech ) at Florida Atlantic U
2009 ) of the Department of Ocean Engineering at FAU and a graduate of Imperial
 of Naval Architecture and Marine Engineering at the University of New Orleans
 of marine , electrical and ocean engineering . He holds an Electrical Engineer
Engineer ' s degree and a Marine Engineering doctorate . His research interest
cs , applied mathematics , energy engineering and watercraft systems . About th
. He received a BSc and an MSc in Engineering at MIT , followed by a PhD from t
ech Dep . Civil and Environmental Engineering Blacksburg , VA 24060 , USA jiris
an Associate Professor of Coastal Engineering at Virginia Tech . She is an expe
 Texas A & M University ' s Civil Engineering Excellence in Research Award , an
 University Zachry Dep . of Civil Engineering College Station , TX 77843 - 3136
s an Associate Professor of Civil Engineering and of Ocean Engineering at Texas
of Civil Engineering and of Ocean Engineering at Texas A & M University , where
y ( 1995 - 2006 ) and the Coastal Engineering Research Center , US Army Corps o
```

【解读】

(1) import nltk：加载 NLTK 模块，与后续的 nltk.Text() 相呼应，或者也可以加载 NLTK 的 text 模块中的 Text 即 from nltk. text import Text，并将后续的 nltk.Text() 改为 Text()，两者结果一致。

(2) 代码段内的第 1～4 条代码均为用于读取自制语料库，见 2.2.2 节。

(3) myfiles = nltk.Text(corpora.words(' total book5.txt'))：corpora.words() 用于把语料库 corpora 中的文本转换成链表，而 nltk.Text()

则是把链表内容转换成 NLTK 文本，因 concordance() 函数之需要；concordance() 函数无法直接检索 corpora.words()。

(4) myfiles.concordance('engineering')：KWIC 检索结果为默认值，即行数为 25，每一行的字符数（计空格）为 79，其相当于 myfiles.concordance('engineering', width = 79, lines = 25)；若将参数修改为 myfiles.concordance('engineering', width = 50, lines = 10)，结果见下：

```
In [4]: myfiles.concordance('engineering', width = 50, lines = 10)
Displaying 10 of 568 matches:
                    Engineering Springer Handbooks
lds of physics and engineering will be assigned b
Handbook of Ocean Engineering Manhar R . Dhanak
Ocean and Systems Engineering - SeaTech Dania Be
hitecture & Marine Engineering New Orleans , Loui
ry topics in ocean engineering and ocean technolo
y aspects of ocean engineering , including the de
s that cover ocean engineering basics and four im
pport of the ocean engineering community . Part C
butions to coastal engineering . Manhar R . Dhana
```

(5) 从上述检索结果可见，文本内容在检索之前未经任何降噪处理，也没有将字母经大小写转换处理；myfiles.concordance('engineering') 代码显示检索结果与字母大小写无关。

(6) concordance() 函数每一次只能检索一个单词；若需检索搭配，请参见 8.3 节的"KWIC 检索功能的拓展"。

3.6.2　类符形符比

本节所用语料与 3.6.1 节相同。

【代码一】简单类符形符比

```
import nltk
from nltk.corpus import PlaintextCorpusReader
corpus_root = r"D:\python test\1"
corpora = PlaintextCorpusReader(corpus_root, ['total book5.txt'])
corpora.fileids()
myfiles = nltk.Text(corpora.words('total book5.txt'))
len(myfiles)
len(set(myfiles))
from __future__ import division
```

len(set(myfiles)) / len(myfiles)

【运行结果】

```
In [6]: import nltk
   ...: from nltk.corpus import PlaintextCorpusReader
   ...: corpus_root = r"D:\python test\1"
   ...: corpora = PlaintextCorpusReader(corpus_root, ['total book5.txt'])
   ...: corpora.fileids()
   ...: myfiles = nltk.Text(corpora.words('total book5.txt'))

In [7]: len(myfiles)
Out[7]: 908836

In [8]: len(set(myfiles))
Out[8]: 30373

In [9]: from __future__ import division
   ...: len(set(myfiles)) / len(myfiles)
Out[9]: 0.03341967087571355
```

【解读】

(1) 本代码段的前六条代码用于读取语料库并将文本转换成链表。

(2) len(myfiles)：len()函数用于计算变量 myfiles 中的字符数。

(3) len(set(myfiles))：set()函数用于归类变量 myfiles 中的字符数，然后由 len()函数计算归类后的字符数即类符。

(4) from __future__ import division：加载该模块是为了确保使用浮点除法即保留小数点，否则所得结果为 0。

```
In [1]: import nltk
   ...: from nltk.corpus import PlaintextCorpusReader
   ...: corpus_root = r"D:\python test\1"
   ...: corpora = PlaintextCorpusReader(corpus_root, ['total book5.txt'])
   ...: corpora.fileids()
   ...: myfiles = nltk.Text(corpora.words('total book5.txt'))

In [2]: len(set(myfiles)) / len(myfiles)
Out[2]: 0
```

(5) len(set(myfiles)) / len(myfiles)：类符除以形符即类符形符比。

【代码二】经降噪处理的简单类符形符比

（读取语料库代码略）

len([word.lower() for word in myfiles if word.isalpha()])

len(set([word.lower() for word in myfiles if word.isalpha()]))

```
from __future__ import division
tokens = len([word.lower() for word in myfiles if word.isalpha()])
types = len(set([word.lower() for word in myfiles if word.isalpha()]))
types / tokens
```

【运行结果】

```
In [7]: len([word.lower() for word in myfiles if word.isalpha()])
Out[7]: 686918

In [8]: len(set([word.lower() for word in myfiles if word.isalpha()]))
Out[8]: 21607

In [9]: from __future__ import division
   ...: tokens = len([word.lower() for word in myfiles if word.isalpha()])
   ...: types = len(set([word.lower() for word in myfiles if word.isalpha()]))
   ...: types / tokens
Out[9]: 0.03145499171662411
```

【解读】

(1) [word.lower() for word in myfiles if word.isalpha()]：将变量 myfiles 中的每一个单词均转换成小写,并确定是不是字母。若是,则予以保留。该条代码表示把语料文本做降噪处理,即过滤掉所有非字母元素,也就是消除所有数字和标点符号。

(2) 严格意义上说,只有添加了 word.isalpha()后,方可称之为类符和形符,因为类符形符应仅指单词本身,不应把数字或标点符号计算在内;未添加 word.isalpha()之前的可称为字符(character)数。

(3) 经过[word.lower() for word in myfiles if word.isalpha()]处理后的语料文本形符数与 WordSmith 软件用于词频排序的形符数即 tokens used for word list 几乎相同。这一点尤其在使用不同软件工具时应予高度重视,否则所得数据就不具有可比性。

【代码三】标准类符形符比

(读取语料库代码略)

```
from __future__ import division
text = [word.lower() for word in myfiles if word.isalpha()]
cumulativeTTR = 0
TTR = 0
num_of_thousand = int(len(text)/1000)
count_sum = 0
```

```
temp_list = []
residual_list = text[num_of_thousand * 1000：len(text)]
residualTTR = len(set(residual_list))/len(residual_list)
for i in range(num_of_thousand)：
    temp_list = text[i * 1000：(i + 1) * 1000]
    TTR = len(set(temp_list))/len(temp_list)
    cumulativeTTR = cumulativeTTR + TTR
totalTTR = cumulativeTTR + residualTTR
stdTTR = totalTTR/(num_of_thousand + 1)
print'- - Results - -'
print'        Tokens：', len(text)
print'         Types：', len(set(text))
print'Types/Tokens：', len(set(text))/len(text)
print'            STTR：', stdTTR
```

【运行结果】

```
    ...: print '--Results--'
    ...: print '        Tokens:', len(text)
    ...: print '         Types:', len(set(text))
    ...: print 'Types/Tokens:', len(set(text))/len(text)
    ...: print '          STTR:', stdTTR
--Results--
        Tokens: 686918
         Types: 21607
Types/Tokens: 0.0314549917166
          STTR: 0.387537476255
```

【解读】

（1）标准类符形符比是指文本中所有的每千词类符形符比的均值。

（2）from __future__ import division：参见代码一的解读（4）。

（3）text = [word.lower() for word in myfiles if word.isalpha()]：先对语料文本做降噪处理并定义为变量 text，以备后续之用。

（4）cumulativeTTR = 0：定义变量 cumulativeTTR 的初始值为 0，其用于表示累计类符形符比。

（5）TTR = 0：定义变量 TTR 的初始值为 0，其用于表示类符形符比。

（6）num_of_thousand = int(len(text)/1000)：len(text)/1000 表示文本中有多少个每千词形符，所得结果不一定是整数；int() 函数用于将一

个数字转换成整数,即去除小数点之后的数字部分;这一过程被定义为变量 num_of_thousand,即共有多少个每千词形符。

(7) temp_list = []:定义一个变量名为 temp_list 的空链表,以备后续之用。

(8) residual_list = text[num_of_thousand * 1000:len(text)]:上述解读(3)表示整个语料文本已转换成一个大链表并被定义为变量 text;其中的 text[m:n]表示对整个链表进行索引即从第 m 个元素索引至第 n-1 个元素,也就是表示获取了这些元素;故 text[num_of_thousand * 1000:len(text)]表示获取第 num_of_thousand * 1000 个词(即整除部分所涵盖的单词除外,后续紧接着的剩余部分的第一个单词)至最后一个词[len(text)数字所表示的那个单词];这一过程被定义为变量 residual_list,表示获取了链表中的剩余部分单词,即最后不足千词数量的单词。亦可将代码 text[num_of_thousand * 1000:len(text)]修改为 text[num_of_thousand * 1000:],运算结果不变。

(9) residualTTR = len(set(residual_list))/len(residual_list):计算出剩余部分单词的类符形符比,定义为变量 residualTTR。

(10) for i in range(num_of_thousand)::表示遍历 range 中的每一个元素 i,范围为 num_of_thousand 所表示的数值;此为循环代码。

(11) temp_list = text[i * 1000:(i + 1) * 1000]:获取整个链表中的第 i 个千词内的所有单词,该变量已有定义,即解读(7)。

(12) TTR = len(set(temp_list))/len(temp_list):计算出遍历链表每个千词后的类符形符比,定义为变量 TTR。

(13) cumulativeTTR = cumulativeTTR + TTR:将所有的类符形符比加总。

(14) totalTTR = cumulativeTTR + residualTTR:将整数部分的类符形符比总数加上不足千词的类符形符比,并定义为类符形符比总数。

(15) stdTTR = totalTTR/(num_of_thousand + 1):将类符形符比总和除以整除部分单词的类符形符比个数加上 1(1 表示链表中剩余部分单词只有一个类符形符比),所得结果为标准类符形符比。

(16) 本段代码应用了链表切片技术即如何从链表中获取相关内容,切片时注意具体数字所代表的含义,参见上述解读(8)。

(17) 链表切片技术表明 textl[2:]意味着可提取链表中的第 3 词以及之后的所有单词,但若把代码 text[i * 1000:(i + 1) * 1000]修改为 text

[i * 1000:][对比解读(8)],则运算结果出错,所得标准类符形符比为 0.056 890 666 093 8(按 WordSmith 折算为 56.89)。采用 WordSmith 6.0 计算本案例所选文本的标准类符形符比为 36.69,表明 56.89 是错误的。故可得出这样的结论:运用链表切片技术时,真实数字可表达为 textl[2:],而以运算符和变量表示的数字不应在冒号之后留空,即表达为 text[i * 1000:(i+1) * 1000]。相关内容请对比本书 5.2.5 节的"索引错误(IndexError)"。

(18) 标准类符形符比可用于表示语篇的词汇多样性,即标准类符形符比越大,表明语篇的词汇多样性越丰富。下文比较《中华人民共和国著作权法》英译本、《德国著作权法》英译本、《美国版权法》原版本和《英国版权法》原版本的词汇多样性(见表 3.2)。

表 3.2　不同国家著作权法或版权法的词汇多样性对照

	词汇多样性 即标准类符形符比	类符形符比
《中华人民共和国著作权法》英译本	0.267 067 237 164	0.133 551 048 47
《德国著作权法》英译本	0.289 223 703 17	0.070 437 362 427
《美国版权法》原版本	0.271 894 955 615	0.039 293 904 325 1
《英国版权法》原版本	0.243 732 801 701	0.027 718 707 232 3
四版本均值	**0.267 979 674 412 5**	**0.067 750 255 613 6**
四版本合并后数值	0.261 401 536 517	0.022 880 793 236 2

3.6.3　N 连词提取

【代码一】双连词提取(参见 Bird *et al*. 2014:21-22)

from nltk.book import *

text4.collocations()

【运行结果】

```
In [1]: from nltk.book import *
*** Introductory Examples for the NLTK Book ***
Loading text1, ..., text9 and sent1, ..., sent9
Type the name of the text or sentence to view it.
Type: 'texts()' or 'sents()' to list the materials.
text1: Moby Dick by Herman Melville 1851
```

```
text2: Sense and Sensibility by Jane Austen 1811
text3: The Book of Genesis
text4: Inaugural Address Corpus
text5: Chat Corpus
text6: Monty Python and the Holy Grail
text7: Wall Street Journal
text8: Personals Corpus
text9: The Man Who Was Thursday by G . K . Chesterton 1908

In [2]: text4.collocations()
United States; fellow citizens; four years; years ago; Federal
Government; General Government; American people; Vice President; God
bless; Old World; Chief Justice; Almighty God; Fellow citizens; Chief
Magistrate; every citizen; Indian tribes; public debt; one another;
foreign nations; political parties
```

【解读】

(1) 本段代码用于提取 NLTK 固有语料库中的双连词。

(2) from nltk.book import ∗：加载 NTLK 的 book 模块汇中的所有语料库。

(3) text4.collocations()：在美国总统就职演说语料库即 text4 中提起双连词；collocations()函数是 NLTK 中的特定函数，专用于提取双连词，如[2]所示，所显示的部分双连词其提取效果较为理想。添加上述任何一个语料文本皆可进行双连词提取。

(4) collocations()：其默认提取双连词的数量为 20 个；若要按设定数量提取双连词，则可添加数量参数，即 collocations(num = 40)可提取 40 个双连词。

【代码二】三连词提取

text = """ Springer Handbook provides a concise compilation of approved key information on methods of research，general principles，and functional relationships in physical and applied sciences."""

text1 = text.split()

from nltk import ngrams

grams_3 = ngrams([word.lower() for word in text1]，3)

grams_3 = list(set(grams_3))

print grams_3

【运行结果】

```
In [32]: text = """Springer Handbook provides a concise compilation of approved key
   ...: information on methods of research, general principles, and functional
   ...: relationships in physical and applied sciences."""
```

```
...: text1 = text.split()
...: from nltk import ngrams
...: grams_3 = ngrams([word.lower() for word in text1], 3)
...: grams_3 = list(set(grams_3))
...: print grams_3
[('functional', 'relationships', 'in'), ('and', 'applied', 'sciences.'), ('handbook', 'provides',
'a'), ('of', 'approved', 'key'), ('provides', 'a', 'concise'), ('methods', 'of', 'research,'),
('key', 'information', 'on'), ('a', 'concise', 'compilation'), ('principles,', 'and', 'functional'),
('in', 'physical', 'and'), ('general', 'principles', 'and'), ('and', 'functional', 'relationships'),
('approved', 'key', 'information'), ('compilation', 'of', 'approved'), ('of', 'research,',
'general'), ('relationships', 'in', 'physical'), ('springer', 'handbook', 'provides'), ('physical',
'and', 'applied'), ('on', 'methods', 'of'), ('information', 'on', 'methods'), ('concise',
'compilation', 'of'), ('research,', 'general', 'principles,')]
```

【解读】

(1) 本段代码用于提取非独立存储文本中的三连词,从[32]所示提取效果看,所呈现的三连词并不是理想中的,有许多无效三连词。究其原因,是未对文本做任何降噪处理。

(2) text1 = text.split():把文本 text 分割成链表,定义为变量 text1。

(3) from nltk import ngrams:加载 NLTK 的 ngrams 模块,与 ngrams() 函数相呼应。

(4) grams_3 = ngrams([word.lower() for word in text1], 3):ngrams() 函数用于提取 N 连词,括号内为两个参数,前一个为待提取文本,后一个为本次提取对象是三连词,亦可定义为 2、4 和 5 等其他数字。

(5) [word.lower() for word in text1]:遍历链表 text1 内的每一个词,并转换成小写,以供 ngrams() 函数逐次提取三连词。这一过程被定义为变量 grams_3。

(6) grams_3 = list(set(grams_3)):对已提取的三连词按字母顺序排列成链表;list() 函数用于将任何种类的序列转换成链表;set() 函数用于按字母顺序归类。这一过程也被定义为变量 grams_3。

(7) print grams_3:横排打印出结果。

(8) 所提取的三连词中有不少是无效的,可引入通用词概念,以改进三连词提取的有效性(见本节代码三)。

【代码三】改进三连词提取效果

(续接代码二)

from nltk.corpus import stopwords

stop_words = set(stopwords.words('english'))

for g in grams_3:

　　if len(set(g) & set(stop_words)) == 0:

　　print g

【运行结果】

```
In [35]: from nltk.corpus import stopwords
    ...: stop_words = set(stopwords.words('english'))
    ...: for g in grams_3:
    ...:     if len(set(g) & set(stop_words)) == 0:
    ...:         print g
    ...:
    ...:
('springer', 'handbook', 'provides')
('approved', 'key', 'information')
('research,', 'general', 'principles,')
```

【解读】

(1) 应用停用词后,提取效果有明显改进,保留了文本中三个三连词(该文本且只有一个有效的三连词,有两个无效的三连词)。三连词('research,', 'general', 'principles,')可通过标点符号降噪方法去除,而三连词('springer', 'handbook', 'provides')则须通过更为复杂的词性标注予以去除。

(2) from nltk.corpus import stopwords:加载 NLTK 的 corpus 模块中的停用词 stopwords。

(3) stop_words = set(stopwords.words('english')):加载具体的英文停用词,并定义为变量 stop_words。

(4) for g in grams_3::遍历已分割成三连词链表 grams_3 中的每一个三连词。

(5) if len(set(g) & set(stop_words)) == 0::若是三连词中包含有停用词的则予去除,并做归并处理,然后是打印出结果;在应用本段代码时,可将代码二中的 grams_3 = list(set(grams_3))修改为 grams_3 = list(grams_3)。

(6) 亦可将代码二中的 text1 = text.split()更换为代码 text1 = nltk.word_tokenize(text),其效果是把单词和标点符号区分开来,以便去除含有标点符号的三连词。

```
('applied', 'sciences', '.')
('general', 'principles', ',')
('approved', 'key', 'information')
('research', ',', 'general')
('springer', 'handbook', 'provides')
(',', 'general', 'principles')
```

可以遍历标点符号并予去除的方法,其结果是仅保留两个三连词('approved', 'key', 'information')和('springer', 'handbook', 'provides')。

3.6.4 指定词检索与统计

【代码】

```
import nltk
text = """Springer Handbook provides a concise compilation of approved
key information on methods of research, general principles, and
functional relationships in physical and applied sciences."""
text1 = nltk.word_tokenize(text)
fdist = nltk.FreqDist(text1)
fdist['of']
fdist.freq('of')
fdist.N()
fdist.items()
fdist.plot()
fdist.most_common(2)
fdist.hapaxes()
```

【运行结果】

```
In [4]: fdist['of']
Out[4]: 2
In [5]: fdist.freq('of')
Out[5]: 0.07407407407407407
In [6]: fdist.N()
Out[6]: 27
In [7]: fdist.items()
Out[7]:
[('and', 2),
 ('methods', 1),
 ('concise', 1),
 ('functional', 1),
 ('general', 1),
 ('Handbook', 1),
 ('in', 1),
 ('.', 1),
 ('physical', 1),
 ('relationships', 1),
 ('information', 1),
 (',', 2),
 ('research', 1),
```

```
('sciences', 1),
('provides', 1),
('applied', 1),
('Springer', 1),
('compilation', 1),
('principles', 1),
('key', 1),
('approved', 1),
('a', 1),
('on', 1),
('of', 2)]
In [8]: fdist.plot()
```

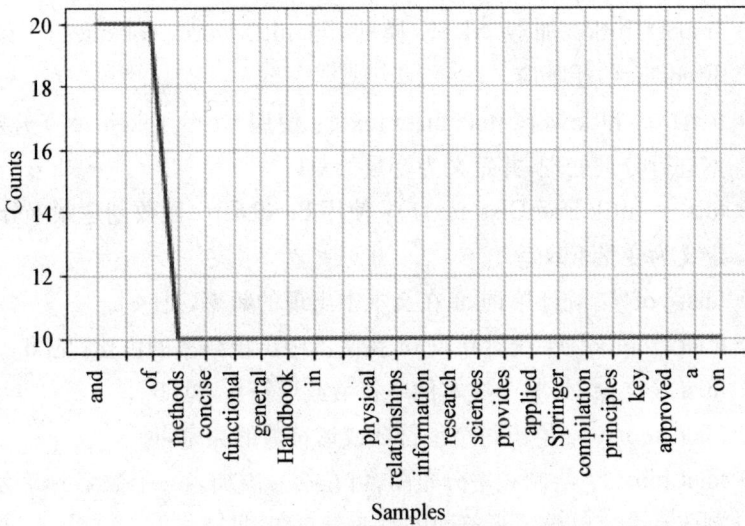

```
In [9]: fdist.most_common(2)
Out[9]: [('and', 2), (',', 2)]

In [10]: fdist.hapaxes()
Out[10]:
['methods',
 'concise',
 'functional',
 'general',
 'Handbook',
 'in',
 '.',
 'physical',
```

```
                          'relationships',
                          'information',
                          'research',
                          'sciences',
                          'provides',
                          'applied',
                          'Springer',
                          'compilation',
                          'principles',
                          'key',
                          'approved',
                          'a',
                          'on']
```

【解读】

(1) import nltk：加载 NLTK 模块，与 nltk.word_tokenize( )和 nltk. FreqDist( )相呼应。

(2) text1 = nltk.word_tokenize(text)：使用 word_tokenize( )函数对文本进行分词处理，并定义为变量 text1。

(3) fdist = nltk.FreqDist(text1)：使用 FreqDist( )函数创建频率分布，并定义为变量 fdist。

(4) fdist['of']：统计单词 of 在文本中出现的频率，见[4]。

(5) fdist.freq('of')：统计单词 of 在文本中出现频率的占比，见[5]。

(6) fdist.N( )：统计整个文本的字符数或形符数，见[6]。

(7) fdist.items( )：给出每个字符数或形符数的频率，见[7]。

(8) fdist.plot( )：绘制频率分布图；可在括号内加入一个数字 n，表示仅绘制前 n 个字符数或形符数的频率分布图，见[8]。

(9) fdist.most_common(2)：给出前 n 个字符数或形符数及其频率，此时将 n 定为 2，见[9]。

(10) fdist.hapaxes( )：给出一个低频字符数或形符数的链表，见[10]。

3.7　中文语料文本的处理方法

中文语料文本一般可采用 Jieba 文本分析器来处理。在分析中文文本之前，需要对文本进行分词处理，否则就无法展开后续的分析工作。不采用 Jieba 文本分析器时，亦可进行中文文本处理，但须对文本进行相应的解码编码,否则就不会呈现出所需的中文字符。利用 Jieba 进行中文文本分词处理可参见 2.4.1 节代码三;提取关键词的代码可参见 2.4.1 节代码一;中文文本词云图的制作方式可参见 4.4.2 节代码一和代码二。

3.7.1　上下文关键词检索

【代码】

import nltk

import jieba

raw = open(ur'D:\python test\3_Chinese\Karl Marx_Kapital_I_01_chn.txt').read()

text = nltk.Text(jieba.lcut(raw))

text.concordance(u'政治经济学', width = 40, lines = 10)

【运行结果】

```
In [3]: import nltk
   ...: import jieba
   ...: raw = open(ur'D:\python test\3_Chinese\Karl Marx_Kapital_I_01_chn.txt').read()
   ...: text = nltk.Text(jieba.lcut(raw))
   ...: text.concordance(u'政治经济学', width = 40, lines = 10)
Displaying 10 of 24 matches:
1 ) 【 卡尔 · 马克思 《 政治经济学 批判 》 1859 年 柏林 版
) 【 卡尔 · 马克思 《 政治经济学 批判 》 1859 年 柏林 版
12 )   这 一点 是 理解 政治经济学 的 枢纽 ， 因此 ， 在 这里
) 【 卡尔 · 马克思 《 政治经济学 批判 》 1859 年 柏林 版
。 ” （ 彼得罗 · 韦里 《 政治经济学 研究 》 1771 年 初版 ，
 于 库斯 托 第编 《 意大利 政治经济学 名家 文集 · 现代 部分 》
” （ 约 · 布罗德赫斯特 《 政治经济学 》 1842 年 伦敦 版 第
版 。 沙尔 · 加尼耳 《 论 政治经济学 的 各种 体系 》 1821 年
 于 库斯 托 第编 《 意大利 政治经济学 名家 文集 · 现代 部分 》
（ 弗里德里希 · 恩格斯 《 政治经济学 批判 大纲 》 ， 载 于 阿尔
```

【解读】

(1) import nltk:加载 NLTK 模块,与 nltk.Text()相呼应,将分词处理后的文本转换成 NLTK 文本。

(2) import jieba:加载 jieba 模块,与 jieba.lcut()相呼应,经 lcut()分词后可直接返回链表。

(3) raw = open(ur'D:\python test\3_Chinese\Karl Marx_Kapital_I_01_chn.txt').read():打开并读取中文文件(文件内容为《资本论》第一卷第一章)并定义为变量 raw;open()函数用于打开文件,read()函数用于读取内容。

(4) text = nltk.Text(jieba.lcut(raw))：把变量 raw 文本先行 jieba 分词处理，再转换成 NLTK 文本，并定义为变量 text。

(5) text.concordance(u'政治经济学', width = 40, lines = 10)：在文本中检索关键词"政治经济学"；width 值设置太大，呈现效果不佳；lines 为呈现的行数。

(6) 若将检索对象改为"使用价值"，显示 No matches。这与如何分词有关，看下述显示结果，"使用价值"被分为两个词即"使用"和"价值"。

```
In [5]: text.concordance(u'使用', width = 40, lines = 10)
Displaying 10 of 116 matches:
1 . 商品 的 两个 因素 ： 使用 价值 和 价值 （ 价值 实体 ，
   方面 ， 从而 发现 物 的 多种 使用 方式 ， 是 历史 的 事情 。 （
   长处 < 这是 巴尔本 用来 表示 使用 价值 的 专门 用语 > ， 这种
        物 的 有用 性 使物 成为 使用 价值 。 （ 4 ） 但 这种
   、 小麦 、 金钢石 等等 ， 就是 使用 价值 ， 或 财物 。 商品 体 的
   这种 性质 ， 同人 取得 它 的 使用 属性 所 耗费 的 劳动 的 多少
   的 多少 没有 关系 。 在 考察 使用 价值 时 ， 总是 以 它们 的 量
   布 ， 一吨 铁 等等 。 商品 的 使用 价值 为 商品学 这门 学科 提供
   学科 提供 材料 。 （ 5 ） 使用 价值 只是 在 使用 或 消费 中
   （ 5 ） 使用 价值 只是 在 使用 或 消费 中 得到 实现 。 不论
```

3.7.2　中文停用词

【代码一】写入代码内的停用词

import jieba

stop_words = {}.fromkeys(['的', '包括', '等', '是', '和', '与', '以', '为', '。', '，', '、'])

text = """著作权人和与著作权有关的权利人可以授权著作权集体管理组织行使著作权或者与著作权有关的权利。著作权集体管理组织被授权后,可以以自己的名义为著作权人和与著作权有关的权利人主张权利,并可以作为当事人进行涉及著作权或者与著作权有关的权利的诉讼、仲裁活动。"""

seg_text = jieba.cut(text, cut_all = False)

final = ""

for i in seg_text：

    i = i.encode('utf-8')

    if i not in stop_words：

        final += i + ""

print final

【运行结果】

```
In [35]: 著作权人 著作权 有关 权利 人 可以 授权 著作权 集体 管理 组织 行使 著作权
或者 著作权 有关 权利 著作权 集体 管理 组织 被 授权 后 可以 自己 名义 著作权人
著作权 有关 权利 人 主张 权利 并 可以 作为 当事人 进行 涉及 著作权 或者 著作权 有关
权利 诉讼 仲裁 活动
```

【解读】

(1) import jieba：加载 jieba 模块。

(2) stop_words = {}.fromkeys(['的', '包括', '等', '是', '和', '与', '以', '为', '。', '，', '、'])：设置停用词；fromkeys() 函数用于创建一个新字典，其默认格式为{}.fromkeys()。

(3) seg_text = jieba.cut(text, cut_all = False)：对文本 text 进行分词处理，cut_all = False 表示选择精确分词模式。

(4) final = ''：建立一个空字符串，并定义为变量 final。

(5) for i in seg_text：遍历经 jieba 分词处理后的每一个词组。

(6) i = i.encode('utf - 8')：将每一个词组编码为 UTF - 8 编码。

(7) if i not in stop_words：遍历停用词变量 stop_words 中的所有停用词，若是停用词则予去除。亦可将(6)和(7)合并如下，结果相同：

```
for i in seg_text:
    if i.encode('utf-8') not in stop_words:
        final += i + " "
print final
```

(8) final + = i + ""：遍历每一个不是停用词的词组之后将其添加入变量 final 中；+ = 用于递增计数；双引号 + ""表示每一个词组之间留一空格。

(9) print final：横排打印分词结果，见[35]。

(10) 与英文文本的处理相比，中文文本的处理过程较为繁琐，过程中需要编码处理。

【代码二】写入文件内的停用词

import jieba

stop_words = {}.fromkeys([line.strip() for line in
　　　　　　open(ur"D:\python test\chinese_stopwords.txt")])

text = """"著作权人和与著作权有关的权利人可以授权著作权集体管理组织行使著作权或者与著作权有关的权利。著作权集体管理组织被授权后，可以以自己的名义为著作权人和与著作权有关的权利人主张权利，并可以作为当事人进行涉及著作权或者与著作权有关的权利的诉讼、仲裁活动。"""

seg_text = jieba.cut(text, cut_all = False)

result = ""

for i in seg_text：

    if i.encode('utf − 8') not in stop_words：

        result += i + ""

print result

【运行结果】

```
In [8]: import jieba
   ...: stop_words = {}.fromkeys([line.strip() for line in
   ...:               open(ur"D:\python test\chinese_stopwords.txt")])
   ...: text = """著作权人和与著作权有关的权利人可以授权著作权集体管理组织行使著作权
   ...: 或者与著作权有关的权利。著作权集体管理组织被授权后，可以以自己的名义为著作权人
   ...: 和与著作权有关的权利人主张权利，并可以作为当事人进行涉及著作权或者与著作权有关的
   ...: 权利的诉讼、仲裁活动。"""
   ...: seg_text = jieba.cut(text, cut_all=False)
   ...: result = ""
   ...: for i in seg_text:
   ...:     if i.encode('utf-8') not in stop_words:
   ...:         result += i + " "
   ...:
   ...: print result
著作权人 著作权 有关 权利 人 可以 授权 著作权 集体 管理 组织 行使 著作权
 著作权 有关 权利 著作权 集体 管理 组织 被 授权 可以 自己 名义 著作权人
 著作权 有关 权利 人 主张 权利 可以 作为 当事人 进行 涉及 著作权 著作权 有关
权利 诉讼 仲裁 活动
```

【解读】

(1) 代码二与代码一相比的唯一区别在于调用停用词文件的代码，即stop_words = {}.fromkeys([line.strip() for line in open(ur" D:\python test\chinese_stopwords.txt")])，把方括号内的具体停用词替换为打开停用词文件的代码。其中的 strip()函数用于删除输入行末尾的换行符；line.strip() for line 用于遍历停用词文件中的每一行内容。

(2) 保存停用词的文件 chinese_stopwords.txt 必须是 UTF − 8 编码，文件的第一行为空行。每一个停用词占据一行位置，故 line.strip() for line 用于读取每一行的停用词。

参考文献

[1] BIRD S, E KLEIN & E LOPER. 2014. Python 自然语言处理(陈涛等译)[M].

北京：人民邮电出版社.

[2] 吴思竹,钱庆,胡铁军,李丹亚,李军莲,洪娜. 2012. 词形还原方法及实现工具
比较分析[J]. 现代图书情报技术(3)：27 - 34.

[3] 姚天顺,张俐,高竹. 2001. WordNet 综述[J]. 语言文字应用(1)：27 - 32.

第4章
数据可视化

4.1 概　　述

　　数据可视化旨在把语料文本分析数据以一目了然的形式呈现出来。为此,本章选择了三类可视化形式,即表格、数据图、词云图加以说明。表格可视化是指把文本分析数据置于表格中,以增强词类与数字之间的关联性和可比性;数据图可视化是指把与词类相关的数字以一定的形状呈现出来,如词频图、柱状图、点状图等;词云图可视化可显现某一语篇或一个语料库中主题词的呈现情况,但从数据精准性角度看,其真实效果不如前两者。这些二维图可有助于理解文本分析的结果。当然,Matplotlib 绘图库中 pyplot 模块(绘制二维图)可以提供更多选择。

4.2 表 格 绘 制

　　绘制表格的目的在于把从语料库中挖掘出的相关数据信息以表格形式呈现出来,这样利于数据之间的对比,并助力于对语言数据信息的直观理解。
　　本案例所用语料库系由八部国际协定、公约或协议组成,其为《建立世界贸易组织协定》(agreement establishing wto.txt)、《政府采购协定》(agreement government procurem.txt)、《原产地规则协定》(agreement on rules of origin.txt)、《关税与贸易总协定》(agreement on tariffs and trade.txt)、《服务贸易总协定》(agreement on trade in services.txt)、《反倾销协议》(anti-dumping agreement.txt)、《国际货物销售合同公约》(contracts sale of goods.txt)和《世

界卫生组织烟草控制框架公约》(convention on tobacco control.txt)。上述括号内的英文名为语料库中所对应的经简化的文件名,在后续演示代码和在绘制表格时需要显示文件名。

　　用于本次表格绘制的部分代码参考了《Python 自然语言处理》一书(Bird *et al.* 2014:46,130)中的读取布朗语料库的代码。请在执行代码时就此进行对比。本案例所用代码可分为三部分:① 读取自制语料库;② 统计语料库中的检索对象;③ 绘制表格。

【代码一】对照参考代码编写的代码

```
from nltk.corpus import PlaintextCorpusReader
corpus_root = r"D:\python test\4_UN conventions"
corpora = PlaintextCorpusReader(corpus_root, '.*')
corpora.fileids()
import nltk
pairs = [(fileid, word)
            for fileid in corpora.fileids()
            for word in [word.lower() for word in corpora.words(fileid)]]
cfd = nltk.ConditionalFreqDist(pairs)
corpus_text = ['agreement establishing wto.txt',
'agreement government procurem.txt',
'agreement on rules of origin.txt',
'agreement on tariffs and trade.txt',
'agreement on trade in services.txt',
'anti-dumping agreement.txt',
'contracts sale of goods.txt',
'convention on tobacco control.txt']
count_word = ['can','could','may','might','must','will','shall','should']

cfd.tabulate(conditions = corpus_text, samples = count_word)
```

① 读取自制语料库

```
from nltk.corpus import PlaintextCorpusReader
corpus_root = r"D:\python test\4_UN conventions"
corpora = PlaintextCorpusReader(corpus_root, '.*')
corpora.fileids()
```

② 统计语料库中的检索对象

```
import nltk
pairs = [(fileid, word)
        for fileid in corpora.fileids()
        for word in [word.lower() for word in corpora.words(fileid)]]
cfd = nltk.ConditionalFreqDist(pairs)
corpus_text = ['agreement establishing wto.txt',
 'agreement government procurem.txt',
 'agreement on rules of origin.txt',
 'agreement on tariffs and trade.txt',
 'agreement on trade in services.txt',
 'anti-dumping agreement.txt',
 'contracts sale of goods.txt',
 'convention on tobacco control.txt']
count_word = ['can', 'could', 'may', 'might', 'must', 'will', 'shall', 'should']
```

③ 绘制表格

```
cfd.tabulate(conditions = corpus_text, samples = count_word)
```

【运行结果】

	can	could	may	might	must	will	shall	should
agreement establishing wto.txt	0	0	25	1	0	1	136	1
agreement government procurem.txt	7	1	62	3	5	6	219	9
agreement on rules of origin.txt	3	0	22	0	2	4	76	10
agreement on tariffs and trade.txt	16	3	145	11	1	19	369	32
agreement on trade in services.txt	1	2	64	0	1	4	171	6
anti-dumping agreement.txt	9	0	50	1	7	1	182	14
contracts sale of goods.txt	2	8	77	0	35	24	6	2
convention on tobacco control.txt	1	0	27	0	0	4	136	12

【解读】

（1）如何读取自制语料库请参见 2.2.2 节。

（2）import nltk：加载 NLTK 模块视为了执行 nltk.ConditionalFreqDist（pairs）。

（3）（fileid，word）：括号内的 fileid 表示具体的文件名，word 表示每个文本内的词汇。

（4）（fileid，word）for fileid in corpora.fileids（）：遍历所有语料库 corpora.fileids（）中每一个文件 fileid 的文件名。

（5）for word in［word.lower（）for word in corpora.words（fileid）］：本行代码与上一段相关联，即遍历经分词处理后每一个文本 corpora.words（fileid）中的所有词汇，且已转换成小写 word.lower（），并转换成链表 words（）；最后将执行（4）和（5）步操作的结果定义为变量 pairs。

（6）cfd = nltk.ConditionalFreqDist（pairs）：从配对链表 pairs 中创建条件

频率分布,即列出每一个文件的词频排序表;ConditionalFreqDist()系
用于创建条件频率分布的函数,属于 NLTK 模块。

(7) corpus_text = []:读取每一个文件名,并定义为变量 corpus_text;注
意不可省略扩展名.txt。若只需读取语料库内的若干个文件,列出其
文件名即表示选择了它们。

(8) count_word = []:计数对象为语料库中每一个文件内的所有八个情
态动词,并定义为变量 count_word。

(9) cfd.tabulate(conditions = corpus_text, samples = count_word):cfd.
tabulate()用于绘制条件频率分布的表格,括号内为两个变量,即在前
者变量条件下后者变量出现的频率;conditions = corpus_text 表示文
件名与前述定义的变量 corpus_text 相关联;samples = count_word
表示计数单词与前述定义的变量 count_word 相关联。

(10) 从表格统计结果可见,法律条款文本中最常见的情态动词是"may"
和"shall",不常用的是"can""could""might"和"must"。而相比于其
他七个文件,《国际货物销售合同公约》(contracts sale of goods.txt)
文件中的情态动词的使用情况似乎有些反常,如"must"和"shall"。
欲知详情,则需进行更为详细的文本分析。

(11) 每一文件的情态动词统计,其实也可使用 WordSmith 和 Word 软件
得出相应的结果,但需每一个文件统计 8 次,语料库中共有 8 个文
件,即统计 64 次。但若有更多的文件需要统计,则工作量会更大。
而使用 Python 可一次性完成统计,一次性输出结果。

【代码二】优化后的代码

```
from nltk.corpus import PlaintextCorpusReader
corpus_root = r"D:\python test\4_UN conventions"
corpora = PlaintextCorpusReader(corpus_root, '.*')
corpora.fileids()


import nltk
pairs = [(fileid, word)
            for fileid in corpora.fileids()
            for word in [word.lower() for word in corpora.words(fileid)]]
cfd = nltk.ConditionalFreqDist(pairs)
count_word = ['can', 'could', 'may', 'might', 'must', 'will', 'shall', 'should']
```

cfd.tabulate(samples = count_word)

① 读取自制语料库

```
from nltk.corpus import PlaintextCorpusReader
corpus_root = r"D:\python test\4_UN conventions"
corpora = PlaintextCorpusReader(corpus_root, '.*')
corpora.fileids()
```

② 统计语料库中的检索对象

```
import nltk
pairs = [(fileid, word)
        for fileid in corpora.fileids()
        for word in [word.lower() for word in corpora.words(fileid)]]
cfd = nltk.ConditionalFreqDist(pairs)
count_word = ['can', 'could', 'may', 'might', 'must', 'will', 'shall', 'should']
```

③ 绘制表格

```
cfd.tabulate(samples = count_word)
```

【运行结果】

运行结果同本节代码一。

【解读】

(1) 读取自制语料库部分与本节代码一相同。

(2) 变量 pairs 与代码一的相同。

(3) 变量 cfd 与代码一的相同。

(4) cfd.tabulate(samples = count_word)：与代码一相比,本行代码少了第一个参数,因为是读取语料库内的所有文件,且变量 pairs 已遍历了所有文件名,故略去。

(5) 与代码一相比较,本段代码的优点是无需再列出文件名,使得代码行数明显减少。

4.3 图 形 绘 制

4.3.1 词频图形绘制

本节图形是在 4.2 节代码一"对照参考代码编写的代码"基础上绘制而成。

基于图形显示的美观度，在此仅选择呈现一个文档的结果。

【代码】

```
from nltk.corpus import PlaintextCorpusReader
corpus_root = r"D:\python test\4_UN conventions"
corpora = PlaintextCorpusReader(corpus_root, ['agreement establishing
wto.txt'])
corpora.fileids()
import nltk
pairs = [(fileid, word)
            for fileid in corpora.fileids()
            for word in [word.lower() for word in corpora.words(fileid)]]
cfd = nltk.ConditionalFreqDist(pairs)
corpus_text = ['agreement establishing wto.txt']
count_word = ['can', 'could', 'may', 'might', 'must', 'will', 'shall', 'should']
cfd.plot(conditions = corpus_text, samples = count_word)
```

【运行结果】

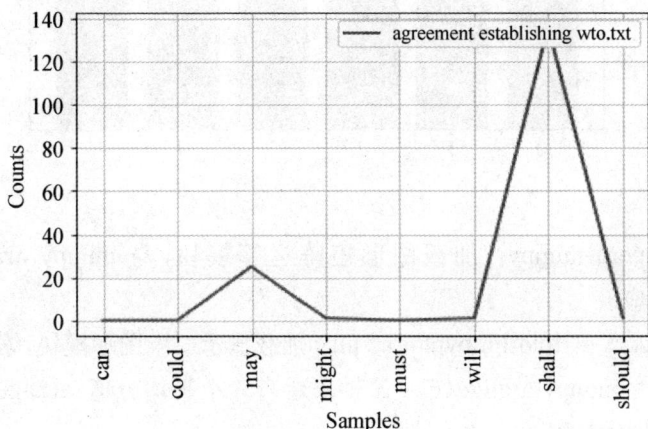

【解读】

(1) 与 4.2 节代码一相比，本节仅指定读取一个文本，即 PlaintextCorpus
    Reader(corpus_root, ['agreement establishing wto.txt'])。这与后续呈现
    一个文件名相呼应 corpus_text = ['agreement establishing wto.txt']。

(2) cfd.plot(conditions = corpus_text, samples = count_word)：plot()
    函数用于绘制频率图形，其两个参数与 4.2 节代码一绘制表格的参数相同。

4.3.2 柱状图和点状图绘制

【代码一】柱状图绘制

```python
import numpy
import matplotlib.pyplot as plt
x = numpy.arange(6)
y = (85, 80, 92, 77, 83, 89)
plt.bar(x, y)
plt.show()
```

【运行结果】

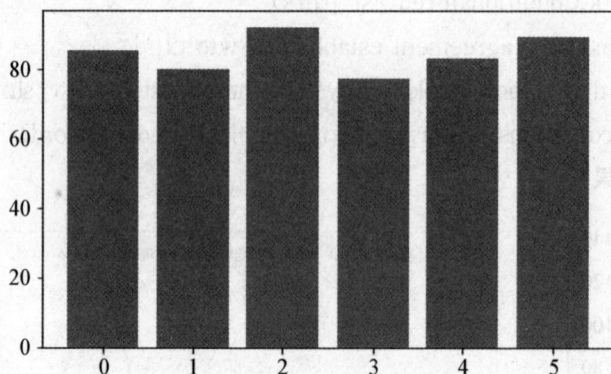

【解读】

(1) import numpy：加载图形矩阵运算模块，与 numpy.arange () 相呼应。

(2) import matplotlib.pyplot as plt：加载显示二维图形模块，缩写为 plt。

(3) x = numpy.arange(6)：X 轴表示有六个平均分值；arange () 函数用于创建数组。

(4) y = (85, 80, 92, 77, 83, 89)：Y 轴表示平均分值的大小。

(5) plt.bar(x, y)：bar () 函数用于绘制柱状图，需要调用二维图形模块 matplotlib.pyplot。

(6) plt.show()：show () 函数用于呈现图形。

(7) 若需要为图形添加标题以及说明 X 轴和 Y 轴，则添加代码如下：
plt.title('Avergea scores')

plt.xlabel('Classes')

plt.ylabel('Scores')

其结果为：

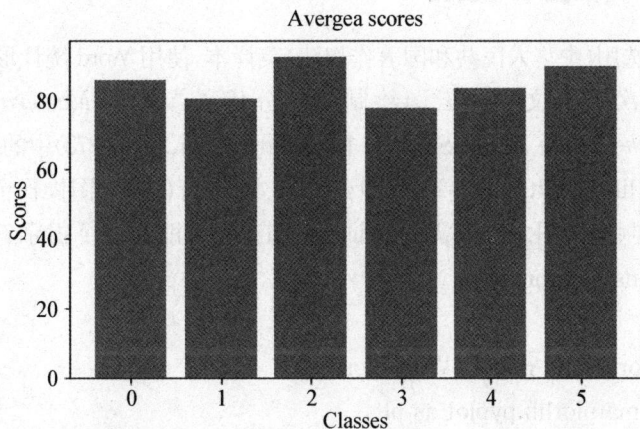

【代码二】点状图绘制

可将本节代码一的代码行 plt.bar(x，y)替换为 plt.scatter(x，y)，即可得出如下的点状图结果。

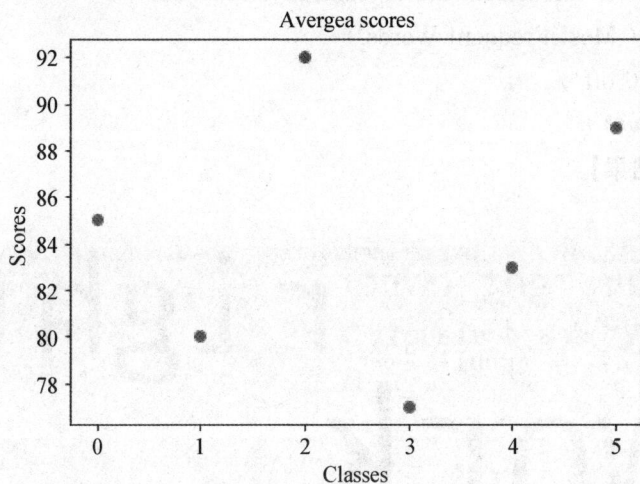

4.4　词云图绘制

词云图是数据可视化的一种直观表现手法，可有助于了解文本中主题词的大概出现情况。若需精确了解语料库中的真实数据,建议采用表格绘制等方法。词云图工具包(WordCloud)可用于生成与具体文本相对应的词云图。

4.4.1 英文文本词云图

本案例选用《中华人民共和国著作权法》英译本,使用 Word 统计形符为 5 966 个。用于本次英文文本词云图绘制的部分代码参考了 *Mastering Machine Learning with Python in Six Steps* 一书(Swamynathan,2017:273)中的相关代码。

Matplotlib 是 Python 的一个 2D 绘图库,在进行任何绘图操作前需要安装此模块。绘制词云图之前还需安装词云图工具包,即在命令提示符下执行安装命令 pip install wordcloud。

【代码】

```
from wordcloud import WordCloud
import matplotlib.pyplot as plt
text = open(r"D:\python test\14_wordcloud\ChineseCopyrightLaw_
eng.txt").read()
wordcloud = WordCloud(background_color='white').generate(text)
plt.imshow(wordcloud.recolor(random_state=2017))
plt.title('Most Frequent Words')
plt.axis("off")
plt.show()
```

【运行结果】

Most Frequent Words

【解读】

(1) from wordcloud import WordCloud：加载绘制词云图的模块。

(2) import matplotlib.pyplot as plt：加载 Matplotlib 绘图库中 pyplot 模块(绘制二维图)，并把 matplotlib.pyplot 定义为变量 plt，以利于后续代码表示。

(3) text = open(r"D:\python test\14_wordcloud\ChineseCopyrightLaw_eng.txt").read()：打开相应的文件并读取其内容，且定义为变量 text。

(4) wordcloud = WordCloud(background_color = ' white ').generate(text)：把词云图模块与生成 generate()函数相结合，用于生成词云图；background_color = ' white '表示所生成的词云图背景色为白色，其他背景颜色可定义为 yellow 或 blue 等；若仅保留 WordCloud()，则被视为默认背景色即黑色。

(5) plt.imshow(wordcloud.recolor(random_state = 2017))：用于显示词云图；imshow()函数是 Matlab 中显示图像的函数，plt.imshow()是将该函数与图库模块相结合；wordcloud.recolor()是为词云图配色的函数；random_state = 2017 是随机数种子，为使生成的数字结果保持一致。

(6) plt.title('Most Frequent Words')：在词云图上方设置图注；title()函数用于设置图形的标题图注。

(7) plt.axis(" off ")：用去取消词云图周边的坐标线。

(8) plt.show()：最终呈现经过(6)和(7)步骤处理的词云图；所生成的词云图可另存为.png 格式文件。

4.4.2　中文文本词云图

本案例选用中文版《中华人民共和国著作权法》，使用 Word 统计为 8 553 个字。代码一参考了 4.4.1 节中的相关代码，代码二则参照了网址 https://www.cnblogs.com/franklv/p/6995150.html 上的相关代码。

由于汉字的特殊原因，需要安装 jieba 模块，用于分词处理并显示结果。请在"命令提示符"或"cmd"下执行安装命令"pip install jieba"。

【代码一】默认词云图形状

```
from wordcloud import WordCloud
import matplotlib.pyplot as plt
import jieba
text = open(r"D:\python test\14_wordcloud\ChineseCopyrightLaw_
chn.txt").read()
```

```
cut_text = "".join(jieba.cut(text))
wordcloud = WordCloud(font_path = r"C:\Windows\Fonts\STLITI.TTF",
                      background_color = 'white', width = 3000,
                      height = 2000).generate(cut_text)
plt.imshow(wordcloud)
plt.axis("off")
plt.show()
```

【运行结果】

【解读】

(1) import jieba：绘制中文词云图与英文词云图的区别在于前者需要加载 jieba 模块。

(2) cut_text = "".join(jieba.cut(text))：jieba.cut(text)用于文本分词处理；由于分词后每个词组占据一行位置,故需要" ".join()将其连接成字符串,且每一个词组之间留有一个空格；经处理后被定义为变量 cut_text。

(3) font_path = r"C:\Windows\Fonts\STLITI.TTF"：表示所选用的字体为"华文隶书",该字体保存在 C:\Windows\Fonts\之下。

(4) width = 3000, height = 2000：定义词云图的长宽尺寸；若还想设置其他定义,可在其后添加入 max_font_size = 500, max_words = 100。

(5) 对比英汉两种词云图,可见其所设想表达的有关《中华人民共和国著作权法》的主题词是基本一致的,如作品、使用、作者等。不可否认,中文版本的分词效果会对词云图产生一定影响。

【代码二】自定义词云图形状

```
import jieba.analyse
from PIL import Image
import numpy
import matplotlib.pyplot as plt
from wordcloud import WordCloud，ImageColorGenerator
text = open(r"D：\python test\14_wordcloud\ChineseCopyrightLaw_
chn.txt").read()
result = jieba.analyse.textrank(text，topK = 200，withWeight = True)
keywords = dict()
for i in result：
    keywords[i[0]] = i[1]
image = Image.open(r'D：\1157307.png')
graph = numpy.array(image)
wordcloud = WordCloud(font_path = r"C：\Windows\Fonts\STLITI.TTF",
            background_color = 'White'，mask = graph)
wordcloud.generate_from_frequencies(keywords)
image_color = ImageColorGenerator(graph)
plt.imshow(wordcloud.recolor(color_func = image_color))
plt.axis("off")
plt.show()
```

【运行结果】

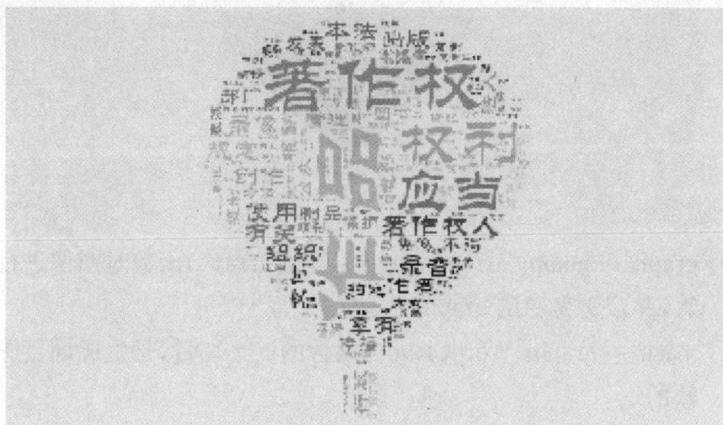

【解读】

(1) import jieba.analyse：加载 jieba 的 analyse 模块，用于中文文本的分词处理和分析，与 textrank()函数相呼应。

(2) from PIL import Image：加载 PIL 的 Image 模块，用于读取任意形状的图片。

(3) import numpy：NumPy 是用于 Python 科学计算的一个工具包，可提供矩阵运算；加载该模块是与 array()函数相呼应。

(4) from wordcloud import WordCloud, ImageColorGenerator：加载绘制词云图的模块并生成自定义词云图形。

(5) jieba.analyse.textrank(text, topK = 200, withWeight = True)：textrank()函数用于提取关键词，即括号内的 200 个关键词；withWeight 表示是否返回关键词的权重值，False 为默认值。

(6) keywords = dict()：dict()函数用于为键-值对链表创建一个空字典，并定义为变量 keywords。

(7) for i in result：遍历变量 result 中的每一个元素 i，即 200 关键词中的每一个。

(8) keywords[i[0]] = i[1]：归入变量名为 keywords 的空字典中。

(9) image = Image.open(r'D:\1157307.png')：通过 Image 模块打开下述图形。

(10) graph = numpy.array(image)：运用 array()函数对图像进行矩阵运算，并定义为变量 graph。

(11) mask = graph：WordCloud()内含的一个变量，是生成词云图不可或缺的。

(12) wordcloud.generate_from_frequencies(keywords)：将已提取的 200
个关键词加载入词云图中。

(13) image_color ＝ ImageColorGenerator(graph)：根据图形变量 graph
生成词云图。

(14) plt.imshow(wordcloud.recolor(color_func ＝ image_color))：为词云
图配色。

(15) 比较代码一和代码二,可见两段代码的主要区别在于 wordcloud ＝
WordCloud(),即选择默认词云图时需要 generate() 函数,自定义时
不需要该函数,但须设置参数 mask ＝ graph。

【代码三】中英文混排词云图

由于中文必须经分词处理后方可用于词云图绘制,故使用中文词云图绘
制代码来制作中英文混排文本的词云图。在此使用本节的代码一"默认词云
图形状"。所用混排文本为《1987 年国际天然橡胶协定》句对混排版本。(代码
部分略)

【运行结果】

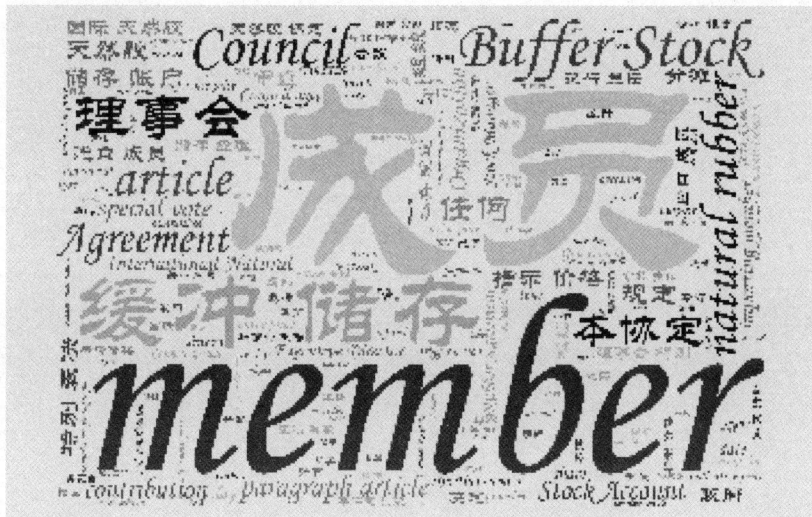

【解读】

(1) 从词云图所呈现的结果看,中英文关键词均为对应关系,亦属情理之
中,因为是句对混排文本。

(2) jieba 进行分词处理时,不仅对中文进行分词,也对英文进行处理,但
不影响词云图呈现结果(见下)。

```
In [6]: print "".join(cut_text)

In [7]: " INTERNATIONAL   NATURAL   RUBBER   AGREEMENT ,   1987 "
1987 年 国际 天然胶 协定
PREAMBLE
序言
" The   contracting   parties , "
缔约 各方 ,
" Recalling   the Declaration   and   the   Programme   of   Action   on   the   Establishment
of   a   New   International   Economic   Order , "
回顾 关于 《 建立 新 的 国际 经济秩序 宣言 》 和 《 行动 纲领 》 .
```

参考文献

［1］BIRD S, KLEIN E & LOPER E. 2014. Python 自然语言处理（陈涛等译）［M］.
北京：人民邮电出版社.

［2］SWAMYNATHAN M. 2017. Mastering Machine Learning with Python in Six
Steps — A Practical Implementation Guide to Predictive Data Analytics Using
Python［M］. New York：Apress.

第5章
代码运行错误分析

5.1 概　　述

代码运行出错的类型有几十种,每一种类型的错误又可区分为诸多不同情形,例如变量名称错误可分为变量未定义、模块未加载、检索对象未正确显示等。因此,想要计数代码运行的各类错误情形,恐怕有点难度。有鉴于此,本章仅列出与本书所提及的代码相关的错误情形。

本章旨在为学习者培养识别代码运行错误的能力。在编程过程中,若能快速识别错误并予以有效排除,方可提高学习编程的积极性和自身的编程能力。运用本书所提供的相关代码一般很少或不会出现什么错误,由于本书的编写已经考虑到将模块的加载与代码内容联系在一起。对初学者而言,忘记加载模块是经常发生的事情。对编程提高者或程序应用者而言,也有可能发生同类情况,但从错误提示中可以很快识别出所需要加载的模块对象。编程时出现错误提示,这有助于问题的解决。最难的恐怕是代码运行正常,但就是没有运行结果出现。后一点需要在积累更多错误分析经验的基础上方可有效解决。

本章的编写内容分为三部分,即代码、运行结果和解读,其错误分析案例共涉及 10 大错误类型,即输入输出错误(IOError)、对象属性错误(AttributeError)、数据类型错误(TypeError)、变量名称错误(NameError)、索引错误(IndexError)、缩进错误(IndentationError)、参数类型错误(ValueError)、语法错误(SyntaxError)、Unicode解码错误(UnicodeDecodeError)、关键字错误(KeyError)。相关代码可能会与前几个章节的代码有些相似,但经仔细分辨,很快就会发现本章所指出的代码出错都出现在编程过程中极有可能发生错误的地方。有效识别这些特征是初学者能够尽快习得编程能力的关键。与代码错误相关的运行结果提示内容有时会很多行数,不利于快速识别,最简便的方法是直接阅读最末一行的内容。解读部分的内容非常详实,旨在帮助读者尽快掌握相关代码出错的原因。

5.2 错误分析案例

5.2.1 输入输出错误(IOError)

【代码】

```
import nltk
from nltk.corpus import PlaintextCorpusReader
corpus_root = "D:\python test\1"
corpora = PlaintextCorpusReader(corpus_root, ['total book1.txt'])
corpora.fileids()
```

【运行结果】

```
In [1]: import nltk
   ...: from nltk.corpus import PlaintextCorpusReader
   ...: corpus_root = "D:\python test\1"
   ...: corpora = PlaintextCorpusReader(corpus_root, ['total book1.txt'])
   ...: corpora.fileids()
Traceback (most recent call last):

  File "<ipython-input-1-7764dd0d9029>", line 4, in <module>
    corpora = PlaintextCorpusReader(corpus_root, ['total book1.txt'])

  File "C:\Users\PC\Anaconda2\lib\site-packages\nltk\corpus\reader\plaintext.py", line 62, in
__init__
    CorpusReader.__init__(self, root, fileids, encoding)

  File "C:\Users\PC\Anaconda2\lib\site-packages\nltk\corpus\reader\api.py", line 82, in
__init__
    root = FileSystemPathPointer(root)

  File "C:\Users\PC\Anaconda2\lib\site-packages\nltk\compat.py", line 366, in _decorator
    return init_func(*args, **kwargs)

  File "C:\Users\PC\Anaconda2\lib\site-packages\nltk\data.py", line 300, in __init__
    raise IOError('No such file or directory: %r' % _path)

IOError: No such file or directory: 'D:\\python test\x01'
```

【解读】

(1) IOError:输入输出错误;本案例为 IOError 输入错误类型。

(2) No such file or directory:'D:\python test\x01':表示无此文件或目录,但 D 盘和文件夹设置是正确的,只是二级文件夹与代码中的名称不一致。

(3) raise IOError('No such file or directory：%r' % _path)：其提示说明读取文件路径的方式出错，没有注明"r"，其表示以只读方式打开文件；将第 3 条代码修改为"corpus_root = r"D:\python test\1",参见运行结果（表示已读取文件）：

```
In [2]: import nltk
   ...: from nltk.corpus import PlaintextCorpusReader
   ...: corpus_root = r"D:\python test\1"
   ...: corpora = PlaintextCorpusReader(corpus_root, ['total book1.txt'])
   ...: corpora.fileids()
Out[2]: ['total book1.txt']
```

(4) 注意上述表示文件所在位置的代码中斜杠"\"的方向，但下述斜杠"/"的朝向与此相反，而且[4]中并无标识符"r"。

```
In [3]: import nltk
   ...: from nltk.corpus import PlaintextCorpusReader
   ...: corpus_root = r"D:/python test/1"
   ...: corpora = PlaintextCorpusReader(corpus_root, ['total book1.txt'])
   ...: corpora.fileids()
Out[3]: ['total book1.txt']
In [4]: import nltk
   ...: from nltk.corpus import PlaintextCorpusReader
   ...: corpus_root = "D:/python test/1"
   ...: corpora = PlaintextCorpusReader(corpus_root, ['total book1.txt'])
   ...: corpora.fileids()
Out[4]: ['total book1.txt']
```

(5) 实际操作中会出现不同的 IOError 错误类型。另一个常见的 IOError 错误是忘记关闭文件所致，即在修改已读取内容后重新写入该同名文件之时，见下：

```
Traceback (most recent call last):

  File "<ipython-input-8-745850e8f8c3>", line 310, in <module>
    data_output_xlsx(filename, N_gram_freq_filtered)

  File "<ipython-input-8-745850e8f8c3>", line 271, in data_output_xlsx
    workbook.close()

  File "C:\Users\PC\Anaconda2\lib\site-packages\xlsxwriter\workbook.py", line 299, in close
    self._store_workbook()

  File "C:\Users\PC\Anaconda2\lib\site-packages\xlsxwriter\workbook.py", line 613, in
_store_workbook
    allowZip64=self.allow_zip64)

  File "C:\Users\PC\Anaconda2\lib\zipfile.py", line 756, in __init__
    self.fp = open(file, modeDict[mode])

IOError: [Errno 13] Permission denied: 'n-gram3.xlsx'
```

最后一行错误提示内容说明：访问该文件时不能满足其所设置的权限，解决办法是关闭该文件即可。

5.2.2 对象属性错误（AttributeError）

【代码】

```
from nltk.corpus import PlaintextCorpusReader
corpus_root = r"D:\python test\1"
corpora = PlaintextCorpusReader(corpus_root，['total book1.txt'])
corpora.fileids()
myfiles = corpora.words('total book1.txt')
myfiles.concordance('the')
```

【运行结果】

```
In [111]: from nltk.corpus import PlaintextCorpusReader
     ...: corpus_root = r"D:\python test\1"
     ...: corpora = PlaintextCorpusReader(corpus_root, ['total book1.txt'])
     ...: corpora.fileids()
     ...: myfiles = corpora.words('total book1.txt')
     ...: myfiles.concordance('the')
Traceback (most recent call last):

  File "<ipython-input-111-6efcef112108>", line 6, in <module>
    myfiles.concordance('the')

AttributeError: 'StreamBackedCorpusView' object has no attribute 'concordance'
```

【解读】

(1) AttributeError：对象属性错误，即文本经处理后的内容格式与执行操作的函数不相匹配。

(2) 'StreamBackedCorpusView'：作为只读字符链表使用，其对象无concordance 属性，也即无法用于 concordance()函数执行操作。

(3) corpora.words('total book1.txt')：用于把语料库文本内容转换为链表。在执行本段代码后，又执行代码 print myfiles，其运行结果为链表，如下：

```
In [4]: print myfiles
[u'This', u'brief', u'introduction', u'is', u'aimed', ...]
```

故可将上述代码修改为：

```
import nltk
```

from nltk.corpus import PlaintextCorpusReader

corpus_root = r"D:\python test\1"

corpora = PlaintextCorpusReader(corpus_root，['total book1.txt'])

corpora.fileids()

myfiles1 = nltk.Text(corpora.words('total book1.txt'))

myfiles1.concordance('the')

【运行结果】

```
In [10]: import nltk
    ...: from nltk.corpus import PlaintextCorpusReader
    ...: corpus_root = r"D:\python test\1"
    ...: corpora = PlaintextCorpusReader(corpus_root, ['total book1.txt'])
    ...: corpora.fileids()
    ...: myfiles1 = nltk.Text(corpora.words('total book1.txt'))
    ...: myfiles1.concordance('the')
Displaying 4 of 4 matches:
ps in physical and applied sciences . The world ' s leading experts in the fiel
es . The world ' s leading experts in the fields of physics and engineering wil
 or several renowned editors to write the chapters comprising each volume . The
the chapters comprising each volume . The content is selected by these experts
```

【解读】

(1) 相比原代码，修改后的代码添加了 import nltk，表示调用 NLTK 模块，用于执行 NLTK 模块中的 Text() 函数。

(2) nltk.Text(corpora.words('total book1.txt'))：本条代码系由原代码 corpora.words('total book1.txt') 修改而成，用于把链表转换为 NLTK 文本，其不仅可用于 concordance() 函数，还可用于 FreqDist() 等函数的操作，在此发挥作用的就是 nltk.Text()。

(3) 在执行经修改的代码之后，又执行代码 print myfiles1，其运行结果为 NLTK 文本，如下：

```
In [9]: print myfiles1
<Text: Springer Handbook provides a concise compilation of approved...>
```

(4) 经 nltk.Text() 处理的 NLTK 文本虽然看上去有些类似于字符串，但实际上是不同的。纯粹的字符串不可用于如 concordance() 的操作。

(5) 原代码之所以运行出错，问题在于编写代码时没有区分链表与字符串的作用。链表是一个相同或不同类型对象的集合（Sarkar，2016：73），其长度可任意确定；链表中的对象均被包含在方括号内并有连续编号，从 0 起直至该链表结束为止，即 0 代表第 1 个对象，其余依次类推；链表可用于索引、切片、添加等操作，故链表内的内容是可以修改的。字符串是字符的序列或集合，用于存储或呈现文本数据；字符串是不可变的，只能创建新的字符串对象，而不是修改既有字符串对象(Bird，*et al.* 2014：100；Sarkar，2016：73)。

(6) 本小节代码的对象属性错误仅仅是诸多对象属性错误之一，但凡对象属性不一致的代码均会导致出现这一结果。

5.2.3 数据类型错误(TypeError)

【代码】

```
import nltk
from nltk.corpus import PlaintextCorpusReader
corpus_root = r"D:\python test\1"
corpora = PlaintextCorpusReader(corpus_root，['total book1.txt'])
corpora.fileids()
nltk.pos_tag(corpora)
```

【运行结果】

```
In [5]: import nltk
   ...: from nltk.corpus import PlaintextCorpusReader
   ...: corpus_root = r"D:\python test\1"
   ...: corpora = PlaintextCorpusReader(corpus_root, ['total book1.txt'])
   ...: corpora.fileids()
   ...: nltk.pos_tag(corpora)
Traceback (most recent call last):

  File "<ipython-input-5-cf887a23a0ad>", line 6, in <module>
    nltk.pos_tag(corpora)

  File "C:\Users\PC\Anaconda2\lib\site-packages\nltk\tag\__init__.py", line 129, in pos_tag
    return _pos_tag(tokens, tagset, tagger)

  File "C:\Users\PC\Anaconda2\lib\site-packages\nltk\tag\__init__.py", line 97, in _pos_tag
    tagged_tokens = tagger.tag(tokens)

  File "C:\Users\PC\Anaconda2\lib\site-packages\nltk\tag\perceptron.py", line 152, in tag
    context = self.START + [self.normalize(w) for w in tokens] + self.END

TypeError: 'PlaintextCorpusReader' object is not iterable
```

【解读】

(1) TypeError：'PlaintextCorpusReader' object is not iterable：这一数据

类型错误在于纯文本语料库阅读器 PlaintextCorpusReader 的对象是不可迭代的,即所读取的原始语料文本 corpora 未经任何处理,无法用于函数 pos_tag()作注注处理,故标示为错误。

(2) import nltk:加载该模块系用于 nltk.pos_tag()。

故可将上述代码修改为:

```
import nltk
from nltk.corpus import PlaintextCorpusReader
corpus_root = r"D:\python test\1"
corpora = PlaintextCorpusReader(corpus_root,['total book1.txt'])
corpora.fileids()
myfiles = corpora.words('total book1.txt')
nltk.pos_tag(myfiles)
```

【运行结果】

```
Out[8]:
[(u'Springer', 'NNP'),
 (u'Handbook', 'NNP'),
 (u'provides', 'VBZ'),
 (u'a', 'DT'),
 (u'concise', 'NN'),
 (u'compilation', 'NN'),
 (u'of', 'IN'),
 (u'approved', 'JJ'),
 (u'key', 'JJ'),
 (u'information', 'NN'),
 (u'on', 'IN'),
 (u'methods', 'NNS'),
 (u'of', 'IN'),
 (u'research', 'NN'),
 (u',', ','),
 (u'general', 'JJ'),
 (u'principles', 'NNS'),
 (u',', ','),
 (u'and', 'CC'),
 (u'functional', 'JJ'),
 (u'relationships', 'NNS'),
 (u'in', 'IN'),
 (u'physical', 'JJ'),
 (u'and', 'CC'),
```

(仅显示部分标注结果)

【解读】

(1) 与原代码相比,仅增加一条代码 myfiles = corpora.words('total

book1.txt'),表示将所读取的文本 total book1.txt 先用于分词处理 corpora.words();经分词处理后的文本被定义为变量 myfiles,并用于 nltk.pos_tag()做词性标注处理。

(2) 与 5.2.2 节中所增加的代码 myfiles1 = nltk.Text(corpora.words ('total book1.txt'))相比,本节增加的代码少了 nltk.Text()。其原因是用于 concordance()函数执行操作的只能是经 nltk.Text()转换而成的 NLTK 文本,而用于 pos_tag()函数的既可以是 NLTK 文本,也可以是经 split()或 words()处理的文本。concordance()具有唯一性,故标示是对象属性错误,而 pos_tag()有多重选择,故标明为数据类型错误。

(3) 有多种数据类型错误。例如,若将字符串和链表合并在一起,就被标示为此类错误,因为在实际操作中只能合并同类型序列。见下:

```
In [21]: a1 = 'This is a text.'
    ...: a2 = ['That', 'is', 'a', 'car.']
    ...: a1 + a2
Traceback (most recent call last):

  File "<ipython-input-21-811f8f475056>", line 3, in <module>
    a1 + a2

TypeError: cannot concatenate 'str' and 'list' objects
```

5.2.4　变量名称错误(NameError)

【代码一】变量未定义

import nltk

from nltk.corpus import PlaintextCorpusReader

corpus_root = r"D:\python test\1"

corpora = PlaintextCorpusReader(corpus_root, ['total book1.txt'])

corpora.fileids()

nltk.pos_tag(myfiles)

【运行结果】

```
In [1]: import nltk
   ...: from nltk.corpus import PlaintextCorpusReader
   ...: corpus_root = r"D:\python test\1"
   ...: corpora = PlaintextCorpusReader(corpus_root, ['total book1.txt'])
   ...: corpora.fileids()
   ...: nltk.pos_tag(myfiles)
```

```
Traceback (most recent call last):

  File "<ipython-input-1-c0e1e634ce2b>", line 6, in <module>
    nltk.pos_tag(myfiles)

NameError: name 'myfiles' is not defined
```

【解读】

(1) NameError：变量名称错误，即后续代码尝试访问一个未经定义的变量。

(2) 本段代码的出错之处是变量名称 myfiles 未经定义，既 name 'myfiles' is not defined；该段代码系从他处拷贝而来，用于测试时缺少了中间的一条（见 5.2.3 节有效运行的代码）。

(3) 若将 5.2.3 节有效运行的代码中的 myfiles 修改为 myfile，也会出现相同的错误。见下：

```
In [2]: import nltk
   ...: from nltk.corpus import PlaintextCorpusReader
   ...: corpus_root = r"D:\python test\1"
   ...: corpora = PlaintextCorpusReader(corpus_root, ['total book1.txt'])
   ...: corpora.fileids()
   ...: myfiles = nltk.Text(corpora.words('total book1.txt'))
   ...: nltk.pos_tag(myfile)
Traceback (most recent call last):

  File "<ipython-input-2-95104d588f99>", line 7, in <module>
    nltk.pos_tag(myfile)

NameError: name 'myfile' is not defined
```

【代码二】模块未加载

text = """Springer Handbook provides a concise compilation of approved key information on methods of research, general principles, and functional relationships in physical and applied sciences. The world's leading experts in the fields of physics and engineering will be assigned by one or several renowned editors to write the chapters comprising each volume. The content is selected by these experts from Springer sources (books, journals, online content) and other systematic and approved recent publications of scientific and technical information."""

import nltk

from nltk.corpus import stopwords

stop_words = nltk.corpus.stopwords.words('english')

x = [word.lower() for word in myfiles if word.isalpha()]

y = [word for word in x if word not in stop_words]

fdist = FreqDist(y)

fdist

【运行结果】

```
In [5]: text = """"Springer Handbook provides a concise compilation of approved key
   ...: information on methods of research, general principles, and functional
   ...: relationships in physical and applied sciences. The world's leading
   ...: experts in the fields of physics and engineering will be assigned by
   ...: one or several renowned editors to write the chapters comprising each
   ...: volume. The content is selected by these experts from Springer sources
   ...: (books, journals, online content) and other systematic and approved
   ...: recent publications of scientific and technical information."""
   ...: import nltk
   ...: from nltk.corpus import stopwords
   ...: stop_words = nltk.corpus.stopwords.words('english')
   ...: x = [word.lower() for word in myfiles if word.isalpha()]
   ...: y = [word for word in x if word not in stop_words]
   ...: fdist = FreqDist(y)
   ...: fdist
Traceback (most recent call last):

  File "<ipython-input-5-d6ae77ed7bc8>", line 14, in <module>
    fdist = FreqDist(y)

NameError: name 'FreqDist' is not defined
```

【解读】

(1) 本段代码的出错原因与本节代码一的相同,均为变量名称未经定义。

(2) 代码一和本段代码的出错原因似乎相同,其实两者还是有差别的。
代码一的原因在于未曾定义变量名称,而本段代码则是未加载
FreqDist(),即代码 from nltk import FreqDist,故将 FreqDist 识别为
变量名称。

5.2.5 索引错误(IndexError)

【代码】

text = """Article 2 Works of citizens, legal persons or other organizations
of China shall enjoy copyright according to this Law, whether or not they
are published or unpublished."""

textl = text.split()

```
print textl
textl[50]
```

【运行结果】

```
In [15]: text = """Article 2 Works of citizens, legal persons or other organizations
    ...: of China shall enjoy copyright according to this Law, whether or not they
    ...: are published or unpublished."""
    ...: textl = text.split()
    ...: print textl
['Article', '2', 'Works', 'of', 'citizens,', 'legal', 'persons', 'or', 'other',
'organizations', 'of', 'China', 'shall', 'enjoy', 'copyright', 'according', 'to', 'this',
'Law,', 'whether', 'or', 'not', 'they', 'are', 'published', 'or', 'unpublished.']

In [16]: textl[50]
Traceback (most recent call last):

  File "<ipython-input-16-55b25c94b523>", line 1, in <module>
    textl[50]

IndexError: list index out of range
```

【解读】

(1) 本段代码的错误是索引值超出序列范围,即定义为 textl[50],而链表中仅有 27 个元素。

(2) 对链表的处理可应用切片技术,用于提取链表中的一个或多个元素。

(3) 若想提取链表中的第 3 个词即"Works",由于链表的索引值是从 0 开始的,故须写入 textl[2],方可提取。若想提取链表中的第 3、4 和 5 个词即"Works of citizens",须写入 textl[2:5]。若想提取链表中的第 3 词即"Works"以及之后的所有单词,须写入 textl[2:];同理亦可写入 textl[2:27] 或 27 以上的数字。若想提取链表中的第 3 词即 "Works"以及之前的所有单词,须写入 textl[:3],注意冒号后面的"3" 并不包含第 3 个单词本身。

(4) 反过来,若想提取链表中"published"一词,则须写入 textl. index ('published'),结果显示为 24。

(5) 若想把链表中的"Works"一词替换为"work",则须写入 textl[2] = 'work',打印结果即显示已被替换:

```
In [28]: textl[2] = 'work'

In [29]: textl[2]
Out[29]: 'work'
In [30]: print textl
['Article', '2', 'work', 'of', 'citizens,', 'legal', 'persons', 'or', 'other',
'organizations', 'of', 'China', 'shall', 'enjoy', 'copyright', 'according', 'to', 'this',
'Law,', 'whether', 'or', 'not', 'they', 'are', 'published', 'or', 'unpublished.']
```

【代码三】检索对象未正确显示

```
import nltk
from nltk.corpus import PlaintextCorpusReader
corpus_root = r"D:\python test\1"
corpora = PlaintextCorpusReader(corpus_root, ['total book5.txt'])
corpora.fileids()
myfiles = nltk.Text(corpora.words('total book5.txt'))
myfiles.concordance(engineering)
```

【运行结果】

```
In [5]: import nltk
   ...: from nltk.corpus import PlaintextCorpusReader
   ...: corpus_root = r"D:\python test\1"
   ...: corpora = PlaintextCorpusReader(corpus_root, ['total book5.txt'])
   ...: corpora.fileids()
   ...: myfiles = nltk.Text(corpora.words('total book5.txt'))
   ...: myfiles.concordance(engineering)
Traceback (most recent call last):

  File "<ipython-input-5-94b25d2b143c>", line 7, in <module>
    myfiles.concordance(engineering)

NameError: name 'engineering' is not defined
```

【解读】

本代码段所显示的结果同样是未定义 engineering，但此处的未定明显有别于代码一和代码二的情形，因为本段代码的目的是检索"engineering"一词，而且已经列出该词。问题在于 myfiles.concordance(engineering)这条代码的格式出错即遗漏了单引号，应修改为 myfiles.concordance('engineering')。若不加引号，则被视为是一个变量，而变量需要提前定义，故解释出错原因为"变量未定义"。

5.2.6 缩进错误(IndentationError)

【代码】

```
import docx
fullText = []
doc = docx.Document(ur'D:\python test\12_docx\segmented text.docx')
paras = doc.paragraphs
for p in paras:
```

```
xxx = fullText.append(p.text)
```

【运行结果】

```
In [5]: import docx
   ...: fullText = []
   ...: doc = docx.Document(ur'D:\python test\12_docx\segmented text.docx')
   ...: paras = doc.paragraphs
   ...: for p in paras:
   ...:
   ...: xxx = fullText.append(p.text)
  File "<ipython-input-5-336dfabf86a8>", line 7
   xxx = fullText.append(p.text)
       ^
IndentationError: expected an indented block
```

【解读】

（1）for 语句是一种控制结构，其冒号下方的每行内容必须缩进四个空格，表明代码的归属关系，即缩进四空格的代码均受 for 语句的控制。这一问题容易产生自拷贝他处代码之时，正确的操作是直接在冒号后回车，则不会产生此问题。故应将其修改为：

```
import docx
fullText = []
doc = docx.Document(ur'D:\python test\12_docx\segmented text.docx')
paras = doc.paragraphs
for p in paras:
    xxx = fullText.append(p.text)
```

（2）if 语句也是同样的结构。下述代码用于确认某个文本是否包含有相关的词汇。

```
In [10]: text = """Springer Handbook provides a concise compilation of approved key
    ...: information on methods of research, general principles, and functional
    ...: relationships in physical and applied sciences."""
    ...: w = 'principle'
    ...: if w in text:
    ...:     print w
    ...:
    ...:
principle
```

（3）经由 def 定义的函数其结构也同样如此。运行 def 函数代码时仅需执行为此命名的函数即可。

```
def get_tagged(content):
    import nltk
    tokens = nltk.word_tokenize(content)
```

```
        tagged_sent = nltk.pos_tag(tokens, tagset='universal')
        return tagged_sent

    sentence = 'The brown fox is quick and he is jumping over the lazy dog'
    get_tagged(sentence)
```

【运行结果】

```
In [15]: sentence = 'The brown fox is quick and he is jumping over the lazy dog'
    ...: get_tagged(sentence)
Out[15]:
[('The', u'DET'),
 ('brown', u'ADJ'),
 ('fox', u'NOUN'),
 ('is', u'VERB'),
 ('quick', u'ADJ'),
 ('and', u'CONJ'),
 ('he', u'PRON'),
 ('is', u'VERB'),
 ('jumping', u'VERB'),
 ('over', u'ADP'),
 ('the', u'DET'),
 ('lazy', u'ADJ'),
 ('dog', u'NOUN')]
```

5.2.7 参数类型错误（ValueError）

【代码】

text = """Springer Handbook provides a concise compilation of approved key information on methods of research，general principles，and functional relationships in physical and applied sciences."""

import nltk

tokens = nltk.word_tokenize(text)

from nltk.corpus import brown

brown_tagged_sents = brown.tagged_sents(categories = 'news')

unigram_tagger = nltk.UnigramTagger(tokens)

tagged_text = unigram_tagger.tag(tokens)

print tagged_text

【运行结果】

```
In [21]: import nltk
    ...: tokens = nltk.word_tokenize(text)
    ...: from nltk.corpus import brown
```

```
   ...: brown_tagged_sents = brown.tagged_sents(categories = 'news')
   ...: unigram_tagger = nltk.UnigramTagger(tokens)
   ...: tagged_text = unigram_tagger.tag(tokens)
   ...: print tagged_text
Traceback (most recent call last):

  File "<ipython-input-21-668fe5708099>", line 5, in <module>
    unigram_tagger = nltk.UnigramTagger(tokens)

  File "C:\Users\PC\Anaconda2\lib\site-packages\nltk\tag\sequential.py", line 340, in __init__
    backoff, cutoff, verbose)

  File "C:\Users\PC\Anaconda2\lib\site-packages\nltk\tag\sequential.py", line 287, in __init__
    self._train(train, cutoff, verbose)

  File "C:\Users\PC\Anaconda2\lib\site-packages\nltk\tag\sequential.py", line 178, in _train
    tokens, tags = zip(*sentence)

ValueError: need more than 1 value to unpack
```

【解读】

（1）本段代码是参数类型错误，即未将正确的参数传递给正确的对象。

（2）本次错误发生在把拷贝自他处（参见 3.4.4 节代码四）的代码改写成自己所需代码的过程中，是代码学习过程中的错误。

（3）nltk. UnigramTagger（tokens）：NLTK 模块中的一元标注器 UnigramTagger 需要与其相符的参数，即如 Out[22]所示的每一个单词均已获得词性标记的链表。

```
In [22]: brown_tagged_sents
Out[22]: [[(u'The', u'AT'), (u'Fulton', u'NP-TL'), (u'County', u'NN-TL'), (u'Grand', u'JJ-
TL'), (u'Jury', u'NN-TL'), (u'said', u'VBD'), (u'Friday', u'NR'), (u'an', u'AT'),
(u'investigation', u'NN'), (u'of', u'IN'), (u"Atlanta's", u'NP$'), (u'recent', u'JJ'),
(u'primary', u'NN'), (u'election', u'NN'), (u'produced', u'VBD'), (u'``', u'``'), (u'no',
u'AT'), (u'evidence', u'NN'), (u"''", u"''"), (u'that', u'CS'), (u'any', u'DTI'),
(u'irregularities', u'NNS'), (u'took', u'VBD'), (u'place', u'NN'), (u'.', u'.')], [(u'The',
u'AT'), (u'jury', u'NN'), (u'further', u'RBR'), (u'said', u'VBD'), (u'in', u'IN'), (u'term-
end', u'NN'), (u'presentments', u'NNS'), (u'that', u'CS'), (u'the', u'AT'), (u'City', u'NN-
TL'), (u'Executive', u'JJ-TL'), (u'Committee', u'NN-TL'), (u',', u','), (u'which', u'WDT'),
(u'had', u'HVD'), (u'over-all', u'JJ'), (u'charge', u'NN'), (u'of', u'IN'), (u'the', u'AT'),
(u'election', u'NN'), (u',', u','), (u'``', u'``'), (u'deserves', u'VBZ'), (u'the', u'AT'),
(u'praise', u'NN'), (u'and', u'CC'), (u'thanks', u'NNS'), (u'of', u'IN'), (u'the', u'AT'),
(u'City', u'NN-TL'), (u'of', u'IN-TL'), (u'Atlanta', u'NP-TL'), (u"''", u"''"), (u'for',
u'IN'), (u'the', u'AT'), (u'manner', u'NN'), (u'in', u'IN'), (u'which', u'WDT'), (u'the',
u'AT'), (u'election', u'NN'), (u'was', u'BEDZ'), (u'conducted', u'VBN'), (u'.', u'.')], ...]
```

而此处的 tokens 仅仅是一个有待进行词性标记的链表：

```
In [24]: print tokens
['Springer', 'Handbook', 'provides', 'a', 'concise', 'compilation', 'of', 'approved', 'key',
'information', 'on', 'methods', 'of', 'research', ',', 'general', 'principles', ',', 'and',
'functional', 'relationships', 'in', 'physical', 'and', 'applied', 'sciences', '.']
```

（4）又如，不可将上述的 text 传递给 int()函数，因该函数是为了获取整数数字，所需的参数类型是数字而不是字母，故出现下述错误，即把无效字母传递给了 int()。

```
In [25]: int(text)
Traceback (most recent call last):

  File "<ipython-input-25-d9c6d729d89d>", line 1, in <module>
    int(text)

ValueError: invalid literal for int() with base 10: 'Springer Handbook provides a concise
compilation of approved key \ninformation on methods of research, general principles, and
functional \nrelationships in physical and applied sciences.'
```

5.2.8   语法错误(SyntaxError)

【代码】

import nltk

from nltk.corpus import PlaintextCorpusReader

corpus_root = r"D:\python test\2_eng"

corpora = PlaintextCorpusReader(corpus_root, ['1987_eng.txt', 'baohu_eng.txt'])

corpora.fileids()

myfiles = nltk.Text(corpora.words(corpora.fileids()))

【运行结果】

```
In [12]: import nltk
   ...: from nltk.corpus import PlaintextCorpusReader
   ...: corpus_root = r"D:\python test\2_eng"
   ...: corpora = PlaintextCorpusReader(corpus_root, ['1987_eng.txt', 'baohu_eng.txt'])
   ...: corpora.fileids()
   ...: myfiles = nltk.Text(corpora.words(corpora.fileids())
  File "<ipython-input-12-1df74437a556>", line 6
    myfiles = nltk.Text(corpora.words(corpora.fileids())
                                                        ^
SyntaxError: invalid syntax
```

【解读】

(1) 本段代码是出现语法错误,即无效语法。

(2) 从输入的代码看,好像未见有什么错误的,但仔细一看,发现少了一个圆括号。其出错原因在于圆括号太多,拷贝代码时有时会遗漏,或者是少输出一个括号。第一个圆括号即 corpora.fileids()表示读取多个语料文本;第二个圆括号 corpora.words()表示对文本进程分词处理,括号内是一个参数;第三圆括号 nltk.Text()表示把分词后的文本转换为 NLTK 文本,括号内也是一个参数,不可缺失。正确结果如下:

```
In [13]: import nltk
    ...: from nltk.corpus import PlaintextCorpusReader
    ...: corpus_root = r"D:\python test\2_eng"
    ...: corpora = PlaintextCorpusReader(corpus_root, ['1987_eng.txt', 'baohu_eng.txt'])
    ...: corpora.fileids()
    ...: myfiles = nltk.Text(corpora.words(corpora.fileids()))
    ...: print myfiles
<Text: INTERNATIONAL NATURAL RUBBER AGREEMENT , 1987 PREAMBLE The...>
```

5.2.9　Unicode 解码错误（UnicodeDecodeError）

【代码】

import nltk

from nltk.corpus import PlaintextCorpusReader

corpus_root ＝ r"D:\python test\2_eng"

corpora ＝ PlaintextCorpusReader(corpus_root，['1987_eng.txt','baohu_eng.txt'])

corpora.fileids()

myfiles ＝ nltk.Text(corpora.words(corpora.fileids()))

（本段代码与5.2.8节正确的代码相同）

【运行结果】

```
In [14]: import nltk
    ...: from nltk.corpus import PlaintextCorpusReader
    ...: corpus_root = r"D:\python test\2_eng"
    ...: corpora = PlaintextCorpusReader(corpus_root, ['1987_eng.txt', 'baohu_eng.txt'])
    ...: corpora.fileids()
    ...: myfiles = nltk.Text(corpora.words(corpora.fileids()))
Traceback (most recent call last):

  File "<ipython-input-14-31a9630fae3e>", line 6, in <module>
    myfiles = nltk.Text(corpora.words(corpora.fileids()))

  File "C:\Users\PC\Anaconda2\lib\site-packages\nltk\text.py", line 295, in __init__
    tokens = list(tokens)

  File "C:\Users\PC\Anaconda2\lib\site-packages\nltk\corpus\reader\util.py", line 380, in __len__
    for tok in self.iterate_from(self._offsets[-1]): pass

  File "C:\Users\PC\Anaconda2\lib\site-packages\nltk\corpus\reader\util.py", line 402, in
iterate_from
    for tok in piece.iterate_from(max(0, start_tok-offset)):

  File "C:\Users\PC\Anaconda2\lib\site-packages\nltk\corpus\reader\util.py", line 296, in
iterate_from
    tokens = self.read_block(self._stream)

  File "C:\Users\PC\Anaconda2\lib\site-packages\nltk\corpus\reader\plaintext.py", line 122, in
_read_word_block
    words.extend(self._word_tokenizer.tokenize(stream.readline()))
```

```
  File "C:\Users\PC\Anaconda2\lib\site-packages\nltk\data.py", line 1142, in readline
    new_chars = self._read(readsize)

  File "C:\Users\PC\Anaconda2\lib\site-packages\nltk\data.py", line 1374, in _read
    chars, bytes_decoded = self._incr_decode(bytes)

  File "C:\Users\PC\Anaconda2\lib\site-packages\nltk\data.py", line 1405, in _incr_decode
    return self.decode(bytes, 'strict')

  File "C:\Users\PC\Anaconda2\lib\encodings\utf_8.py", line 16, in decode
    return codecs.utf_8_decode(input, errors, True)

UnicodeDecodeError: 'utf8' codec can't decode byte 0xff in position 0: invalid start byte
```

【解读】

(1) 本段代码所显示的错误是 Unicode 解码错误。从显示结果看,问题出在 myfiles = nltk.Text(corpora.words(corpora.fileids()))上,即无法读取文件。从最后一行可见,UTF‐8 编解码器无法解码字节。

(2) 整段代码编写无错误。

(3) 查看待读取文件的 txt 编码类型,结果是 Unicode 编码。问题就出在这里,因 Python 编程需要的读取的 txt 编码为 UTF‐8。故将文件另存为 UTF‐8 的 txt 格式即可。

5.2.10　关键字错误(KeyError)

【代码】

import nltk

key = 'legal persons or other organizations of China shall enjoy copyright'

value = 'JJ NNS CC JJ NNS IN NNP MD VB NN'

key1 = nltk.word_tokenize(key)

value1 = nltk.word_tokenize(value)

key_value = dict(zip(key1，value1))

print key_value

key_value['works']

【运行结果】

```
In [4]: import nltk
   ...: key = 'legal persons or other organizations of China shall enjoy copyright'
   ...: value = 'JJ NNS CC JJ NNS IN NNP MD VB NN'
   ...: key1 = nltk.word_tokenize(key)
   ...: value1 = nltk.word_tokenize(value)
   ...: key_value = dict(zip(key1, value1))
   ...: print key_value
```

```
...: key_value['works']
{'enjoy': 'VB', 'organizations': 'NNS', 'copyright': 'NN', 'shall': 'MD', 'of': 'IN', 'legal': 'JJ',
'persons': 'NNS', 'other': 'JJ', 'China': 'NNP', 'or': 'CC'}
Traceback (most recent call last):

  File "<ipython-input-4-2e82eb514773>", line 8, in <module>
    key_value['works']

KeyError: 'works'
```

【解读】

(1) 本段代码的错误是请求检索字典中并不存在的关键字,与 5.2.5 节索引错误一样,即在链表中检索并不存在的元素。

(2) 本段代码先创建一个字典,再转换成链表,然后建成一个字典,最后进行演示。

(3) key_value = dict(zip(key1,value1)):利用两个链表创建一个字典; zip()函数用于获取两个或两个以上序列中的元素,构成一个链表; dict()函数用于把一个键-值链表转换成一个字典。这样过程被定义为变量 key_value。

(4) print key_value:在界面上打印字典。

(5) key_value['works']:用于检索字典内的单词,由于并不在该词,故显示为 KeyError。

参考文献

［1］SARKAR D. 2016. Text Analytics with Python — A Practical Real-World Approach to Gaining Actionable Insights from Your Data［M］. New York:Apress.

［2］BIRD S, KLEIN E & LOPER E. 2014. Python 自然语言处理(陈涛等译)［M］.北京:人民邮电出版社.

中篇
基础性代码的组合使用

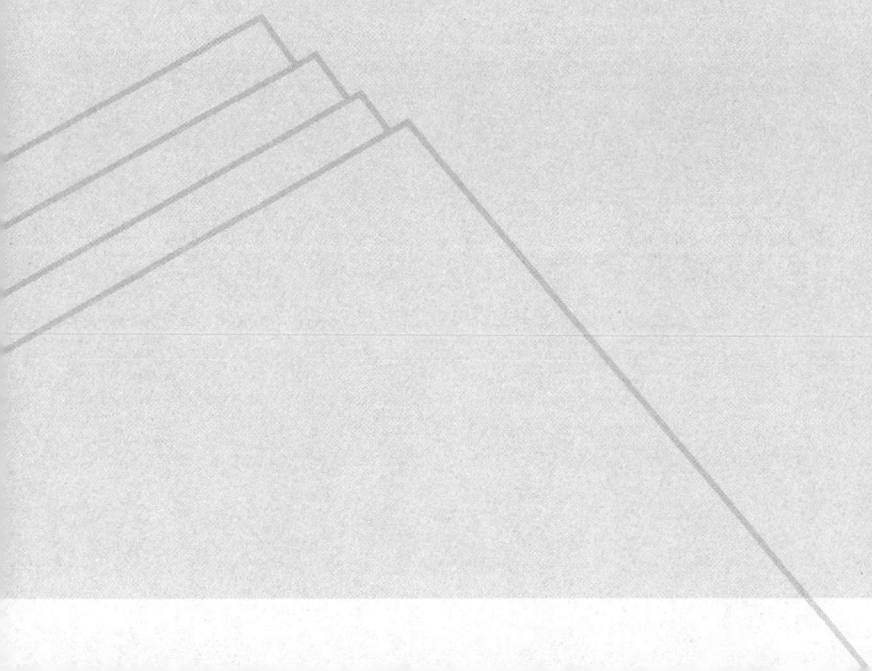

第6章
算法、代码与编程

本书的上篇为基础性代码,是学习 Python 编程的基础。从中篇的第 6 章开始,本书将开启学习 Python 编程的第二阶段,即如何利用基础性代码来完成特定的语料库研究与应用方面的任务。其关键在于如何灵活应用从上篇习得的各种代码段,如何实现各种代码段的有效组合。本章就此将对基础性代码段所呈现出的有关编程的规律性知识进行概括总结,以利于后续展开具有创新性的编程工作。

6.1 篇 章 结 构

中篇的第 7 章将采用自定义函数模块法来编写相应的组合代码段,而不再像上篇那样采用链式编写法,但所使用的代码绝大多数都来自上篇。其优点在于使用自定义函数模块法编写而成的代码段可独立使用,而且可针对特定目的组合使用不同的代码段。其中,每一个代码段的代码行数一般不超过十行,意在提高代码段的可读性和可理解性。

组合使用的代码段都是为具体的案例而设定,不同的案例彼此之间会有相同的代码段,例如读取语料文本时,但每一个组合绝对有自己独一无二的针对特定任务所设置的代码段。第 7 章的每一个案例均包含五个方面:① 提出问题,② 算法设计,③ 对应代码,④ 代码编程,⑤ 问题思考。"提出问题"部分描述具体的问题,或对问题进行适当的背景信息说明。"算法设计"部分讲述如何针对案例设计出解决问题的流程步骤,这一步是整个过程的关键,即确定解决问题的思路和流程。"对应代码"部分列出与本案例所需代码相关的上篇中的相应代码,目的在于代码的借用和对比。"代码编程"部分按若干步骤列出与"对应代码"相对应的代码段,同时还列出执行代码和运行结果。本部分的关键是如何将执行代码中的变量与各步骤中的输出结果相互关联在一起。"问题思考"部分,将对某些代码段做些解读,或提出问题以思考后续的解决方案,或结合语料库应用进行相关说明,等等。

严格意义上说,第 7 章的编程工作开始具备了一定的创新性,这是编程学习者必须经历的编程能力提升阶段,即开始学会如何利用既有代码去解决所面对的特定问题。这一阶段所提及的创新性是指如何使代码变得更为精炼,即代码行数更少,如何使各代码段之间的衔接更为有效,如何让完成案例任务所需的代码段更少,如何将输出结果变得更为个性化,如何使用 Python 编程去实现曾经的语料库工具如 WordSmith 或 AntConc 的某些简单功能,等等。从《著作权法》视角来看,以学习第 7 章而习得的能力所编写的代码开始具备了初步的著作权法意义上的"软件著作权"。从第 7 章开始,将尽可能结合《中华人民共和国著作权法》英译本、《德国著作权法》英译本、《美国版权法》原版本和《英国版权法》原版本呈现相应的代码。它们分属不同法系,即《德国著作权法》属于大陆法系,《美国版权法》和《英国版权法》属于普通法系,我国的著作权法是中国特色社会主义法系(屈文生,2011)。在这一章节的相关案例中,将把上述四部法律视为一个封闭的著作权法/版权法语料库,其中各国的法律相互独立,但彼此具有极强的可比性。

例如,词汇丰富性包括词汇多样性、词汇复杂性和词汇密度(鲍贵,2008;王海华、周祥,2012)。词汇多样性以标准类符形符比表示,参见 3.6.2 节代码三"标准类符形符比";词汇复杂性以语篇汇中出现的低频词汇的比率表示,参见 7.4 节"语篇词汇复杂性的计算";词汇密度以语篇中实词所占的比例表示,参见 7.3 节"语篇词汇密度的计算"。又如,NLTK 本身拥有丰富的语料库资源,那么如何利用它们为我们的教学科研和翻译实践提供服务也是学习 Python 编程的一大收获。为此,7.6 节将呈现多个 NLTK 固有语料库的应用实例,如总统就职演说语料库、Wall Street Journal 语料库以及其他相关语料库的介绍等。

6.2 算法和代码

6.2.1 算法

在开始编写代码之前,应进行算法设计,即设计出如何解决问题并实现任务要求的过程。这一过程采用自然语言加以表达,但设计时应明确过程中每一个步骤可能涉及的具体函数或代码。包含有代码的算法设计方为真实可行的设计,其有别于具体任务的要求说明。后者的说明可以通过不同算法设计加以实现,而前者在进入算法实现阶段时其代码应用更具有针对性和目的性。

本书第 7 章和第 8 章的各个案例均涉及算法设计问题,其与语料库的设计、创建、制作和应用的各环节相关,即算法设计紧紧围绕着语料库这一主题展开,旨在通过 Python 编程来实现语料库的具体应用。算法设计的关键是如何将相关任务的实际要求转化为有效的代码形式,其表现为两方面:一是加载何种工具包,二是代码流程安排。前者可供选择的对象很多,如词性标注问题是选择 pos_tag() 还是 tag(),既取决于编程习惯,也受制于所选标注模块的准确率高低,这是算法设计阶段必须要思考的问题之一。思考问题之二就是后者,其关系到代码的运行速度问题,若最后无法输出运行结果或者需要较长时间才能输出运行结果,都无法达到有效编程的预期。

例如,语篇词汇特征研究涵盖词汇密度、词汇复杂性、词长分布、词汇多样性等因素,其涉及多项特征的算法设计。本书虽然将其安排为四个案例,但也必须考虑到不同案例之间的融合性与可比性问题。因此,在选用语料文本考虑其语料可比性,即尽量选择不同国家的著作权法或版权法,文本的降噪处理均为代码 if w.isalpha() 和相同的停用词集。这是依据语料库语言学研究内容而展开的语篇词汇特征编程研究。本书的另一类算法设计源自诸多与语料库研究相关的论文,即所谓的边读论文边实现代码编程。其目的有二:一是在无法获取相关软件的情况下通过编程实现论文所呈现的研究过程和结果,二是改进相关论文所述及的研究过程和结果。在第一种情况下必须熟悉相关论文所涉及的每一个过程,深入了解其之所以如此实施的内在因素。第二种情况多为不同工具组合应用方面的问题,本书案例仅以 Python 一种工具加以实现。

Python 编程在语料库的研究应用中有其显著的优势,而这一优势的实现需要算法设计先行。

6.2.2 代码

6.2.2.1 代码的语言学意义

将 Python 编程工具融入语料库研究和应用,需要对代码的语言学意义进行有针对性的思考。其意义在于:一是能够得出更加符合语言学要求的运行结果,强化其适用性;二是能够使语料库的研究和应用有着更多具有针对性的结果产出,提升其效率。代码的语言学意义有时从代码字面表述中即可理解其含义,如 text.isalpha()表示函数 isalpah()用于测试 text 中的所有字符是否都是字母。换言之,如果需要去除文本中的非字母元素,将其表示为 if word.isalpha()即可达到效果,经过如此处理的文本更适宜于词频排序、文本分析等语言学处理。但有时,代码的字面意义却与语料库语言学意义有些出入,如 text.collocations()表示函数 collocations()用于提取 text 中的双连词,而语料库语言学中的 collocation 是表示搭配,由此理解 collocations()好像应该可用于提取其他几连词,但实际中提取 N 连词的函数却是 ngrams(),后者更利于语言学意义上的理解。因此,在使用一个函数对文本进行语言学处理时务必要了解函数的功能所能实现的语言学目的。

代码的语言学意义还表现在代码的组合应用上,即通过不同组合的代码来实现某一语言学概念。例如,频率分布函数 FreqDist()可用于语篇的词频排序。若把未经语言学处理的语篇直接用于词频排序,其结果意义不大。因此,在使用 FreqDist()之前,需要对语篇进行降噪处理(或者说语篇标准化),而降噪有多种方式,如上文所述的 text.isalpha()。另有 text.isdigit()用于测试 text 中的所有字符是否都是数字。换言之,代码 if not text.isdigit()可用于清除语篇汇内的所有数字字符。上述两例是采用规则方式进行降噪,若设想直接对文字进行降噪,建议采用停用词,当然停用词的设置还需根据语篇的使用目的而定,切不可千篇一律使用同一个停用词集。经过规则降噪和停用词降噪后,再经 FreqDist()词频排序,其结果会更加符合语言学研究的要求。这是将三类代码组合在一起的实例。

总而言之,在使用 Python 处理语料文本时,只有熟悉了每一个函数的语言学目标,方可掌握具体函数在代码中所起的作用及其所能达到的语言学效用。

6.2.2.2 代码的简洁性与优化

选择不同的代码会使实现相同结果的不同代码段之间存在简洁性的差异,如同样用于读取 docx 文本的两个加载模块 import docx2txt 和 import docx。前者仅需两行代码即可读取 docx 文本(① 加载模块 import docx2txt,② 读取文本 docx2txt.process()),而后者需要六行代码(① 加载模块 import docx,② 定义一个链表 fullText = [],③ 打开文件 docx.Document(),④ 启用读取段落功能 paragraphs,⑤ 遍历每一个段落 for p in paras,⑥ 将段落逐段合并后才能形成一个文本 fullText.append(p.text))完成相同的任务。在组合使用多个代码函数时,代码的简洁性将突显其优势,使得代码群的可读性更强、运行效率更高。

为了实现特定目的的代码段其优化工作似乎是永无止境的。这一点表现在两方面:一是如上所述的所需加载模块的优化替换,二是对代码段本身的优化即减少代码行数。例如,两个加载模块 import xsxwriter 和 import csv 用于输出结果所需的代码行数存在显著差异。前者参见 2.3.3 节"输出 sxlsx 文件格式",其代码段行数为九行,而后者执行相同任务所需的代码为 6 行(① 加载模块 import csv,② 打开文件准备写入 csvfile ＝ file(),③ 写入文件 sheet ＝ csv.writer(csvfile),④ 遍历每一个元素 for word in words;,⑤ 写入每一行 sheet.writerow([word]),⑥ 关闭文件 csvfile.close())。

较大规模的语料文本(如十万英语词以上)经词性标注后用于提取 N-grams 或其他语言学处理时,代码的运行速度会明显下降。其原因在于,为提高 N-grams 提取的有效性,须去除已提取的 N 连词中不符合要求的 N 连词,这时若根据词性标注去除不符合要求的 N 连词,则会明显影响运行速度,因为代码运算量巨大。解决这一问题的方法是变更方式,即不再根据词性去除不符合要求的 N 连词,而是根据词性提取需要去除的词类如动词等,将其视为停用词,用于去除未标有词性的 N 连词。这一优化代码的关键在于算法设计,即如何使算法更为合理有效。

自定义函数代码群一般由多个自定义函数和最后的执行代码组成。编程时,如何梳理每一个函数的内部变量及其在各个函数之间的关系是编程逻辑的一个重要方面。自定义函数数量越多,理清这一互为关系就越显重要。每一个自定义函数的内部变量都是独立的,如何定义函数内的变量名并不会对其他函数产生影响,因此,为了提高代码群的可读性,建议每一个自定义函数之间相关联的变量应在名称上保持一致,这有利于迅速理清相关代码之间的逻辑关系。同样,执行代码中的变量名也应与此保持一致。这一点所体现的正是代码的简洁性要求。变量的命名还应遵循规范性要求。规范性是指变量的命名应该使变量名与其内在含义相符,以确保变量名具有较好的可读性和可应用性,也即命名时应做到读其名知其意,但也不能仅仅为了坚守这一点而削弱变量名的可应用性,例如变量名过长可能会导致代码行数增加,反而削弱了代码的简洁性。

6.3　选择不同代码的影响

6.3.1　分词处理方式对后续文本分析的影响

在读取语料文本之后,需将其转换成链表以执行相应的语言学处理操作。为此,可有三种方法将语料文本转换成链表:一是 word_tokenize()方法,二是

split()方法，三是 words()方法。前两种方法可直接用于对字符串做分词处理，后一种用于对以语料库方式读取的文本做直接分词处理，但以 raw()函数读取语料库文本后也可应用前两种方法。

（1）word_tokenize()方法

```
In [23]: import nltk
    ...: text = """"Springer Handbook provides a concise compilation of approved key
    ...: information on methods of research, general principles, and functional
    ...: relationships in physical and applied sciences."""
    ...: step1 = nltk.word_tokenize(text)
    ...: print step1
['Springer', 'Handbook', 'provides', 'a', 'concise', 'compilation', 'of', 'approved', 'key',
'information', 'on', 'methods', 'of', 'research', ',', 'general', 'principles', ',', 'and',
'functional', 'relationships', 'in', 'physical', 'and', 'applied', 'sciences', '.']
```

（2）split()方法

```
In [24]: import nltk
    ...: text = """Springer Handbook provides a concise compilation of approved key
    ...: information on methods of research, general principles, and functional
    ...: relationships in physical and applied sciences."""
    ...: step2 = text.split()
    ...: print step2
['Springer', 'Handbook', 'provides', 'a', 'concise', 'compilation', 'of', 'approved', 'key',
'information', 'on', 'methods', 'of', 'research,', 'general', 'principles,', 'and', 'functional',
'relationships', 'in', 'physical', 'and', 'applied', 'sciences.']
```

（3）words()方法

```
from nltk.corpus import PlaintextCorpusReader
corpus_root = r"D:\python test\1"
corpora = PlaintextCorpusReader(corpus_root, ['total book1-1.txt'])
corpora.fileids()
myfiles = corpora.words('total book1-1.txt')
import codecs
f = codecs.open(r"D:\zzzz2.txt", "w", encoding = 'utf-8')
step3 = " ".join(myfiles)
f.write(step3)
f.close()
```

zzzz2.txt - 记事本

文件(F) 编辑(E) 格式(O) 查看(V) 帮助(H)

Springer Handbook provides a concise compilation of approved key information on methods of research , general principles , and functional relationships in physical and applied sciences .

（4）raw()函数读取语料的相关代码

```
In [25]: from nltk.corpus import PlaintextCorpusReader
    ...: corpus_root = r"D:\python test\1"
    ...: corpora = PlaintextCorpusReader(corpus_root, ['total book1-1.txt'])
    ...: rawtext = corpora.raw('total book1-1.txt')
    ...: step4 = nltk.word_tokenize(rawtext)
    ...: print step4
[u'Springer', u'Handbook', u'provides', u'a', u'concise', u'compilation', u'of', u'approved', u'key',
```

```
u'information', u'on', u'methods', u'of', u'research', u',', u'general', u'principles', u',', u'and',
u'functional', u'relationships', u'in', u'physical', u'and', u'applied', u'sciences', u'.']

In [26]: step5 = rawtext.split()
   ...: print step5
[u'Springer', u'Handbook', u'provides', u'a', u'concise', u'compilation', u'of', u'approved', u'key',
u'information', u'on', u'methods', u'of', u'research,', u'general', u'principles,', u'and',
u'functional', u'relationships', u'in', u'physical', u'and', u'applied', u'sciences.']
```

　　(1)、(2)和(3)三种方法在执行分词操作时的分词对象类型不完全相同。
word_tokenize()方法的对象是字符串，见下述两例：

```
In [1]: from nltk.corpus import PlaintextCorpusReader
   ...: corpus_root = r"D:\python test\1"
   ...: corpora = PlaintextCorpusReader(corpus_root, ['total book1-1.txt'])
   ...: rawtext = corpora.raw('total book1-1.txt')

In [2]: rawtext
Out[2]: u'Springer Handbook provides a concise compilation of approved key information on methods of
research, general principles, and functional relationships in physical and applied sciences.'
```

　　或者

```
In [6]: import nltk
   ...: text = """Springer Handbook provides a concise compilation of approved key
   ...: information on methods of research, general principles, and functional
   ...: relationships in physical and applied sciences."""

In [7]: text
Out[7]: 'Springer Handbook provides a concise compilation of approved key \ninformation on methods of
research, general principles, and functional \nrelationships in physical and applied sciences.'
```

split()方法的分词对象与 word_tokenize()方法的对象相同。words()方法的
分词对象则与前两者不同，是 txt 文件类型即在读取 txt 文本后直接进行分词
处理，而不是像 raw()那样先把 txt 文本转换成字符串后再行分词处理。
　　从上述三种方法所显示的分词结果可见，word_tokenize()方法和words()
方法所得结果相同，即单词和标点符号均被分词为相互独立的元素，而split()
方法却把单词与标点符号合并成一个元素。从统计学角度看，split()方法的
分词结果会导致统计结果的不精确，因为相同的单词与不同的标点符号结合
时会被视为不同的情形，而且采用 split()方法不易清除标点符号。为了语料
统计结果的精确性，建议在编程时选择 words()方法或 word_tokenize()方法，
但比较这两种方法，显然 words()方法的代码行数比后者少一行。
　　总之，需要视具体情况而定，不能因代码的选择原因导致统计结果出现偏差。

6.3.2　不同的降噪效果

　　3.2 节"停用词的使用"、3.3 节"文本降噪代码"和 3.7.2 节"中文停用词"均
可用于文本的降噪，并可归类为停用词降噪和代码降噪，但两者降噪的效果不

同。停用词降噪是直接去除文本中所包含的与停用词表相同的词,降噪时既可使用 NLTK 固有停用词,也可自定义停用词,后者须根据文本降噪的要求而设定。代码降噪则是设置特定的降噪规则,用于去除文本中符合该规则要求的词。代码降噪的处理作用如清除标点符号(if word not in punctuation)、清除数字(if not word.isdigit())、清除非字母符号(if word.isalpha())、大小写统一(word.lower()或 word.upper())等。

上述两种降噪措施的处理对象是文本内的文字或符号内容。当所读取的文本还存在体例格式方面的问题时,亦须进行降噪处理。如文本中每一段文字前无空格或空一个制表符位置,两者的处理方式不同,即前者无需处理,但后者须以符号\t 来清除制表符;其他的符号有\n 表示换行符,\r 表示回车符,\s 表示所有空白字符,等等。又如 8.2 节"单语语料导入 Excel 工作簿"所述,需要借助于标点符号来实现目的,但标题却没有标点符号,此时则可借助于\r\n 来实现。若是在读取文本后直接进行分词处理(见 6.3.1 节),那么文本就不存在体例格式方面的问题,因为分词后直接将文本内的文字或符号内容处理成链表。

6.3.3 链表、字符串、元组和字典对比

链表、字符串、元组和字典均为 Python 的数据结构,用于存储不同的数据,其作用也有所区别。

链表以方括号"[ ]"表示,方括号内的每个元素之间以逗号","隔开,可用于存储异质或同质数据元素。例如在语料库应用中,链表内的每一个元素既可以是一个单词或词组,也可以是一个句子。链表的元组是可以修改的,并可用于索引、切片、追加、遍历等操作。若要对文本进行词频排序,则须先将文本按单词分割成链表。又如 8.2 节"单语语料导入 Excel 工作簿"所述,先将整个文本转换成以句子为单位元素的链表,然后将每一个元素以纵列方式导入 Excel 工作簿的每一个单元格内。

字符串以一对单引号"'"或一对三个双引号""" """表示,用于存储字符,表示文本数据,所以非文本数据在写入文件之前须转换成字符串。例如在语料库应用中,所读取的文本为字符串,只有将其分割成链表方可用于检索与统计。反之,链表亦可串联成字符串。字符串也是可以修改的,并可用于索引、切片、追加、遍历等操作。编程时,对于非文件形式保存的少量文本内容,可以字符串形式呈现,便于编程时阅读和对比。

元组以圆括号"( )"表示,圆括号内的每个元素之间以逗号","隔开,和链表一样可用于存储异质或同质数据元素,但有一点与链表不同,即元组的元素是不可

以修改的(可进行索引、切片、遍历等操作)。例如在语料库应用中,经词性标注的每一个单词均表示为一个元组,每一个元组内含单词本身和词性标记两部分。

字典以大括号"{ }"表示,大括号内的每个元素均由键和值两部组成(键与值之间使用冒号":"隔开),每个元素之间以逗号","隔开,字典可用于处理任意类型数据之间的映射。字典通过键进行索引,而键是不可修改的。例如在语料库应用中,可将中文停用词创建为字典形式(见 3.7.2 节"中文停用词")。

链表、字符串、元组和字典四者之间可在一定程度上实现数据结构的相互转换。

1) 链表转换成字符串、元组、字典

通过"" ".join()"可把链表转换成字符串:

```
In [3]: seg_list = ['Springer', 'Handbook', 'provides', 'a', 'concise',
   ...: 'compilation', 'of', 'approved', 'key', 'information', 'on', 'methods',
   ...: 'of', 'research', ',', 'general', 'principles', ',', 'and', 'functional',
   ...: 'relationships', 'in', 'physical', 'and', 'applied', 'sciences', '.']
   ...: text = " ".join(seg_list)
   ...: print text
Springer Handbook provides a concise compilation of approved key information on methods of research ,
general principles , and functional relationships in physical and applied sciences .
```

通过 tuple()可将链表转换成元组:

```
In [5]: text2 = tuple(seg_list)
   ...: print text2
('Springer', 'Handbook', 'provides', 'a', 'concise', 'compilation', 'of', 'approved', 'key',
'information', 'on', 'methods', 'of', 'research', ',', 'general', 'principles', ',', 'and', 'functional',
'relationships', 'in', 'physical', 'and', 'applied', 'sciences', '.')
```

通过 dict(zip())可将两个链表转换成字典:

```
In [1]: seg_list = ['Springer', 'Handbook', 'provides', 'a', 'concise',
   ...: 'compilation', 'of', 'approved', 'key', 'information', 'on', 'methods']
   ...: pos_tag = ['NN', 'NN', 'VBZ', 'AT', 'JJ',
   ...: 'NN', 'IN', 'VBN', 'NN', 'NN', 'IN', 'NNS']
   ...: dictionary = dict(zip(seg_list, pos_tag))
   ...: print dictionary
{'a': 'AT', 'information': 'NN', 'Springer': 'NN', 'key': 'NN', 'concise': 'JJ', 'of': 'IN',
'compilation': 'NN', 'Handbook': 'NN', 'provides': 'VBZ', 'on': 'IN', 'approved': 'VBN', 'methods':
'NNS'}
```

2) 字符串转换成链表、元组、字典

通过 split()、word_tokenize()或 words()均可将字符串转换成链表:

```
In [8]: text = """Springer Handbook provides a concise compilation of approved key
   ...: information on methods of research, general principles, and functional
   ...: relationships in physical and applied sciences."""
   ...:
   ...: import nltk
   ...: seg_text = nltk.word_tokenize(text)
   ...: print seg_text
['Springer', 'Handbook', 'provides', 'a', 'concise', 'compilation', 'of', 'approved', 'key',
'information', 'on', 'methods', 'of', 'research', ',', 'general', 'principles', ',', 'and', 'functional',
'relationships', 'in', 'physical', 'and', 'applied', 'sciences', '.']
```

此外,通过 list()可将字符串转换成链表,但针对文本字符串时会出现按单个字母分割的情形。通过 tuple()也可将字符串直接转换成元组,但在转换文本字符串时须在其分割成链表后再转换成元组,否则直接将文本字符串转换元组也会出现按单个字母分割的情形。

通过 dict()可将经分词和词性标注的字符串转换成字典:

```
In [183]: text = """Springer Handbook provides a concise compilation of approved key
    ...: information on methods of research, general principles, and functional
    ...: relationships in physical and applied sciences."""
    ...: import nltk
    ...: seg_text = nltk.word_tokenize(text)
    ...: pos_text = nltk.pos_tag(seg_text)
    ...: dictionary2 = dict(pos_text)
    ...: print dictionary2
{'and': 'CC', 'methods': 'NNS', 'concise': 'NN', 'functional': 'JJ', 'general': 'JJ', 'Handbook': 'NNP',
'in': 'IN', '.': '.', 'physical': 'JJ', 'relationships': 'NNS', 'information': 'NN', ',': ',',
'research': 'NN', 'sciences': 'NNS', 'provides': 'VBZ', 'applied': 'JJ', 'Springer': 'NNP',
'compilation': 'NN', 'principles': 'NNS', 'key': 'JJ', 'approved': 'JJ', 'a': 'DT', 'on': 'IN', 'of':
'IN'}
```

3) 元组转换成链表、字符串

通过 list()可将元组转换成链表:

```
In [10]: tuple1 = ('Springer', 'Handbook', 'provides', 'a', 'concise', 'compilation',
    ...: 'of', 'approved', 'key', 'information', 'on', 'methods', 'of', 'research',
    ...: ',', 'general', 'principles', ',', 'and', 'functional', 'relationships',
    ...: 'in', 'physical', 'and', 'applied', 'sciences', '.')
    ...: tuple2list = list(tuple1)
    ...: print tuple2list
['Springer', 'Handbook', 'provides', 'a', 'concise', 'compilation', 'of', 'approved', 'key',
'information', 'on', 'methods', 'of', 'research', ',', 'general', 'principles', ',', 'and', 'functional',
'relationships', 'in', 'physical', 'and', 'applied', 'sciences', '.']
```

通过“" ".join()”可把元组转换成字符串:

```
In [4]: tuple1 = ('Springer', 'Handbook', 'provides', 'a', 'concise', 'compilation',
    ...: 'of', 'approved', 'key', 'information', 'on', 'methods', 'of', 'research',
    ...: ',', 'general', 'principles', ',', 'and', 'functional', 'relationships',
    ...: 'in', 'physical', 'and', 'applied', 'sciences', '.')
    ...: tuple2string = " ".join(tuple1)
    ...: print tuple2string
Springer Handbook provides a concise compilation of approved key information on methods of research ,
general principles , and functional relationships in physical and applied sciences .
```

4) 字典转换成链表、元组、字符串

通过 list()可将字典转换成链表:

```
In [5]: dictionary1 = {'a': 'AT', 'information': 'NN', 'Springer': 'NN', 'key': 'NN',
    ...: 'concise': 'JJ', 'of': 'IN', 'compilation': 'NN', 'Handbook': 'NN',
    ...: 'provides': 'VBZ', 'on': 'IN', 'approved': 'VBN', 'methods': 'NNS'}
    ...: dict2list = list(dictionary1)
    ...: print dict2list
['Springer', 'methods', 'concise', 'compilation', 'Handbook', 'key', 'on', 'approved', 'a',
'information', 'of', 'provides']
```

通过 tuple()可将字典转换成元组:

```
In [6]: dictionary1 = {'a': 'AT', 'information': 'NN', 'Springer': 'NN', 'key': 'NN',
   ...: 'concise': 'JJ', 'of': 'IN', 'compilation': 'NN', 'Handbook': 'NN',
   ...: 'provides': 'VBZ', 'on': 'IN', 'approved': 'VBN', 'methods': 'NNS'}
   ...: dict2tuple = tuple(dictionary1)
   ...: print dict2tuple
('Springer', 'methods', 'concise', 'compilation', 'Handbook', 'key', 'on', 'approved', 'a',
'information', 'of', 'provides')
```

通过“" ".join()”可把字典转换成字符串：

```
In [8]: dictionary1 = {'a': 'AT', 'information': 'NN', 'Springer': 'NN', 'key': 'NN',
   ...: 'concise': 'JJ', 'of': 'IN', 'compilation': 'NN', 'Handbook': 'NN',
   ...: 'provides': 'VBZ', 'on': 'IN', 'approved': 'VBN', 'methods': 'NNS'}
   ...: " ".join(dictionary1)
Out[8]: 'Springer methods concise compilation Handbook key on approved a information of provides'
```

6.3.4　停用词的功用

　　处理文本时，总是会遇上如何使用停用词的问题。如何才能恰如其分地使用停用词，是编程过程中代码运用的一个关键。停用词的作用在于清除文本中那些并非有用的单词或符号，即降噪处理，例如计算语篇词汇密度（即实词数/词汇总数）时，可将代词、冠词、介词、连词和部分助动词等虚词设置为停用词表（对比 Lei & Liu, 2018）。又如对文本进行词频排序时，若是全词汇排序则仅需把标点符号和数字设置为停用词表；若是实词排序，停用词的设置可类似于语篇词汇密度的计算方式。由此可见，停用词的使用必须与文本处理的具体要求相关联。

　　停用词的使用还须考虑到使用时的两个特点，即一致性和领域性。一致性是指在处理多项可比任务的文本时所使用的停用词必须是相同的，否则会导致处理结果的可比性较差，甚至不具有可比性。或者说，编程者应尽量始终如一地使用自己惯用的停用词表。领域性是指在处理特定学科所属的文本时，停用词的设置应考虑到该学科领域的词汇特点。例如，在提取法律条文的 N-grams 时，涉及条款编号的罗马数字会影响到提取的有效性，因此不妨将其设置为停用词。正如本书有关停用词的章节（见 3.2 节“停用词的使用”和3.7.2节“中文停用词”）所述，停用词有 NLTK 固有停用词和自有停用词之分。不仅如此，编程时还可通过文本的词性标注提取出某一类词作为停用词，以去除提取 N-grams 时所不需要的成分，如 8.5 节“术语提取效果的改进”就在过程中提取出动词作为停用词，意在提取有效的名词词组。

　　总之，停用词的范围界定并非一成不变，掌握好在适当的编程阶段使用适当的停用词才是解决问题的关键所在。

6.4　Python 与既有语料库工具的关系

使用 Python 的确可以取代迄今所使用的几乎所有的语料库工具,但其最大优势却并非是这种可替代性,而是研制与开发语料库工具所不具有的新功能,进而拓展语料库的应用范围并提升语料库的适用性。既有语料库工具既然已经定型,那么其使用功能也是受限的,而借助于 Python 编程可实现的功能却是无限的,故其意义和优点皆在于此。

既有语料库工具一般可分为四类,即语料格式转换工具、语料降噪工具、语料对齐工具、语料库检索和分析工具(管新潮,陶友兰,2017:16-33)。每一类工具都会有若干款不同的软件,其具体应用需要根据语料库的制作目的而定。例如,语料格式转换工具的应用须针对不同的文本格式,如 pdf 格式还是网页格式,或者是其他格式。最佳的单文本语料降噪工具为 Word 软件,若需进行批量降噪处理则可使用 EmEditor 或 UltraEdit 等工具。可供语料对齐使用的工具非常之多,选择此类工具的关键是如何使对齐操作的效率最大、质量最高。语料库检索和分析工具有单双语之分,现有可供选择的单语工具相对较多(如 WordSmith 或 AntConc 等),而双语工具却并不多见(如 ParaConc),后一类工具不仅数量少而且相应的功能更有限(管新潮,陶友兰,2017:34),这一现象着实限制了双语平行语料库的应用和发展。

上述四类工具的使用应遵循成本最低和风险最小的原则。"成本最低"意味着某种工具的使用可在最短时间内并以最简便的方式得出所需结果,而"风险最小"表示不能因工具的使用而导致所得结果的可靠性出现偏差。基于这一原则,Excel 软件亦属于语料库检索和分析工具之一,只不过人们对此认识尚有不足。无论是单语还是双语语料库,当其单语句子或双语句对在十万左右范围之内,皆可使用 Excel 软件进行语料库检索统计,也即适用于库容在五六百万字词范围之内的双语语料库。这一功能尤其适用于单部作品的检索统计,而使用 Excel 软件的优点就在于其可靠性和适用性。

其实,这一原则同样适用于 Python 编程工具。在启用 Python 编程工具之前,尚需理清一个问题,即是继续使用既有的语料库工具,还是弃之转而使用 Python 编程工具,或是两者兼而有之。决定采取何种使用策略则取决于下述因素:第一,既有语料库工具是否仍能满足自身语料库应用的需求,如能否为特定的任务要求提供有价值的数据信息;第二,在组合使用既有语料库工具时是否担心所得数据信息的可靠性出现偏差，因不同工具的使用会产生数据可比性问题；第三，是否设想通过语料库 Python 编程来提升语料库技术的应用能力并拓展语料库视野。

从有关语料库的研究结果可知，其尚有多方面的不足，唯有借助于新角度的出现和新语料的介入，这一领域的研究才会有新的突破（朱一凡，2016）。这里所说的新角度，不妨把 Python 编程工具也视为其中之一，因其的确可以为语料库研究提供更为宽广的视野。既有的语料库工具可在字词句层面上实现不少的功能，但在诸如语料库质量、文本数据挖掘、文本机器学习等方面却显不足，而 Python 正好可以弥补这一缺陷。有关语料库质量方面的研究，迄今很少见之于相关的研究成果中。殊不知，因其质量问题就有可能导致检索统计的不准确，进而影响到研究和应用结果的合理性和准确性。语料库质量是一个多维度的复杂问题，既表现在文本降噪质量、对齐质量等方面，也表现在语料库的平衡性问题。在创建一个大型语料库时其相关语料的平衡性不可谓不重要，但借助于既有的语料库工具是无法实现这一点的，而 Python 编程工具可以在此方面发挥重要作用，例如可通过文本相似性或文本聚类等方法来实现语料库的平衡性。

又如文本分词问题和词性标注问题，无论是英文还是中文均涉及这一点。中文的连续字序列使其必须经过分词处理方可用于后续处理（例如 Python 的 jieba 分词工具），而英文未经分词亦可用于某些检索统计操作，经过词性标注的英文可为其语言学处理提供更大空间，如提取名词词组等。由于英文的语言形式化程度大于中文，其词性标注在理论上应该优于中文的词性标注。词性标注的正确性不能一概而论，由于软件工具的自身功能设置原因，不同的工具会使词性标注结果出现某些偏差，如 3.4.4 节"词性标注"所述。又如该节代码四"一元标注器"所述，通过机器学习或训练的手段，可直接改进词性标注质量。在对中文进行词性标注之前，须进行中文分词，但如 ICTCLAS 或 jieba 等分词工具所表示的分词概念和如 6.3.1 节所述的 NLTK 分词概念是有所区别的。NLTK 分词是将文本分割成链表，用于语言学处理，而中文经 jieba 分词后也可直接用于 NLTK 语言学处理，但 ICTCLAS 分词确是另外一种情形。经后者分词后，Python 编程还需涉及诸多编码或解码问题。

上文所述涉及了三种工具即 Python 编程工具、既有语料库工具和 Excel 工具。学习 Python 编程应着眼于研制与开发既有语料库工具所不具有的新功能，意在超越，或者说如何通过 Python 编程工具可以更好地使用既有语料库工具或 Excel 工具。既有语料库工具有其自身的优点，若研究应用仅局限于有限的语料库功能,那么选用既有语料库工具也是不错的选择。若需实现拓展应用,则必须考虑到既有语料库工具与 Python 编程工具之间的数据可比性问题(见 3.3.3 节"降噪与文本计数")。在将 Excel 工具应用于语料库研究和实践时,其优点也是显而易见的,即工具的稳定性、中文处理无须分词等。总之,不同工具的使用其关键在于如何更好地服务于项目任务之所需。

参考文献

［1］LEI L. & LIU D. 2018. Research trends in applied linguistics from 2005 to 2016: A bibliometric analysis and its implications ［J］. Applied Linguistics (1): 1 - 23.

［2］鲍贵. 2008. 二语学习者作文词汇丰富性发展多纬度研究［J］. 外语电化教学(5): 38 - 44.

［3］管新潮,陶友兰. 2017. 语料库与翻译［M］. 上海:复旦大学出版社.

［4］屈文生. 2011. 汉译法律术语的渊源、差异与融合——以大陆及台港澳"四大法域"的立法术语为主要考察对象［J］. 学术界(11): 50 - 63.

［5］王海华,周祥. 2012. 非英语专业大学生写作中词汇丰富性变化的历时研究［J］. 外语与外语教学(2): 40 - 44.

［6］朱一凡. 2016. 翻译汉语语言特征研究综述［J］. 当代外语研究(6): 40 - 46,61.

第7章
基础性代码的语料库组合应用

7.1 以 Excel 文件格式输出术语(类符)

7.1.1 简单输出术语

1) 提出问题

本案例试图利用多个 txt 格式英语文本来制作 Excel 术语表,要求术语均为实义词。

2) 算法设计

针对上述问题,可将算法设计为四个步骤:第一步(step1)是读取多个 txt 格式英语文本;第二步(step2)是对已读取的文本进行降噪处理,降噪水平如何将直接影响到术语表的质量;第三步(step3)是合并同类术语,即归并为类符;第四步(step4)是将结果写入 Excel 表格。

3) 对应代码

第一步(step1)的对应代码是 2.2.2 节代码二"读取文件夹内的所有文件";第二步(step2)的对应代码是 3.2.1 节"不同语种的停用词"和 3.3.1 节代码三"用于清除文本中的非字母字符";第三步(step3)的对应代码是 3.6.2 节代码一"简单类符形符比"中的类符计算方法 set(myfiles);第四步(step4)的对应代码是 2.3.3 节的"输出 xlsx 文件格式"。

4) 代码编程

第一步(step1):定义函数 upload_corpus(root)是为了读取指定文件夹内的所有文本。此时在自定义函数时仅需设置一个根目录参数。若是读取某个文件夹内的指定文件,则需设置两个参数,后一个参数为文件名。对比 2.2.2

节代码二可见,本段代码明显更为简洁,即在 corpora.words(corpora.fileids())中针对读取一个特定文件时也不再含有具体的文件名,而且读取文本后直接转换成链表。

```
from nltk.corpus import PlaintextCorpusReader
def upload_corpus(root):
    corpora = PlaintextCorpusReader(root, '.*')
    myfiles = corpora.words(corpora.fileids())
    return myfiles
```

或

```
from nltk.corpus import PlaintextCorpusReader
def upload_corpus(root, name):
    corpora = PlaintextCorpusReader(root, [name])
    myfiles = corpora.words(corpora.fileids())
    return myfiles
```

第二步(step2): 定义函数 normalization(text)是为了对文本做降噪处理,即进行两次降噪处理:一是把已读取的文本进行字母大小写转换,即完全转换成小写并清除非字母元素,二是使用 NLTK 固有停用词来清除文本中不符合要求的单词。函数内含一个文本参数。

```
import nltk
from nltk.corpus import stopwords
def normalization(text):
    stop_words = nltk.corpus.stopwords.words('english')
    normal1 = [word.lower() for word in text if word.isalpha()]
    normal2 = [word for word in normal1 if word not in stop_words]
    return normal2
```

第三步(step3): 定义函数 get_terms(text)是为了归并形符为类符。如同第二步,函数内仅含有一个文本参数。本函数模块中的代码 terms = set(text)可用 terms = FreqDist(text)替换,其结果相同,但问题是 FreqDist(text)得出的排序还含有词频部分,其在进入第四步时却被省略,故本步骤使用前者。

```
def get_terms(text):
    terms = set(text)
    return terms
```

第四步(step4): 定义函数 term_output(name, data)是用于输出 Excel 文

件,该函数设置有两个参数,即第一个为需要保存的文件,第二个是需要写入 Excel 文件内的术语数据。输出的术语为 Excel 表格中的一列,未设定单元格 的宽度。若需设定,可添加代码 sheet.set_column('A:A', 20),宽度为 20 个字 符宽。

```
import xlsxwriter
def term_output(name, data):
    workbook = xlsxwriter.Workbook(name)
    sheet = workbook.add_worksheet()
    a = 0
    b = 0
    for w in data:
        sheet.write(a, b, w)
        a = a + 1
    workbook.close()
```

【执行代码】在 if __name__ == '__main__':之下可将上述四个函数模块 组合在一起实现本案例所提出的要求。在本执行代码模块下,先行定义文本 来源和输出文件名。注意后续四个步骤中的函数名必须与上述四个函数模块 的名称相同,参数的数量也须一致(具体名称可不同)。若是读取某一文件夹 的特定文件,则还须添加一行文件名代码,以便与文本读取模块的代码相 一致。

```
if __name__ == '__main__':
    corpora = r'D:\python test\2_eng'
    output = r'D:\terms.xlsx'
    step1 = upload_corpus(corpora)
    step2 = normalization(step1)
    step3 = get_terms(step2)
    step4 = term_output(output, step3)
```

或

```
if __name__ == '__main__':
    corpora = r'D:\python test\1'
    myfiles = 'total book1.txt'
    output = r'D:\word frequency.xlsx'
    step1 = upload_corpus(corpora, myfiles)
```

```
step2 = normalization(step1)
step3 = get_FreqDist(step2)
step4 = term_output(output, step3)
```

【运行结果】

5）问题思考

第一，从输出的结果看，为提升术语的有效性，还可以设置自定义停用词，请参见 3.2.2 节代码二"写入文件内的停用词"。自定义停用词的设置必须与文本内容相符合，即符合文本所属学科领域的具体要求。

第二，当术语表中出现两个名词（一个是单数而另一个复数）时，建议采用词形还原法。可将词形还原设置在第二步内，具体参见 3.4.2 节"词形还原"。

第三，在第一步的读取语料文本模块中，读取语料文本之后随即对文本进行分词处理，即转换成可供后续处理的链表。是否把分词处理放置在第二个模块是一个值得思考的问题。第二个模块旨在对文本进行标准化处理，而对文本的分词处理是开展后续处理的基础。

第四，输出的 Excel 结果未按字母顺序排序。可把第三步的代码 terms = set(text)修改为 terms = sorted(set(text))，即可实现按字母顺序排序。

7.1.2　按词频输出术语

1）提出问题

本案例在 7.1.1 节所提问题的基础上，要求为术语标明词频，并按词频高低排序。

2）算法设计

针对上述问题，可将算法设计为六个步骤：第一步（step1）和第二步（step2）分别与 7.1.1 节的第一步和第二步相同，第三步（step3）是统计单词和词频；第四步（step4）是构建单词和词频对应表，第五步（step5）是对单词和词频进行归类排序，第六步（step6）是将结果写入 Excel 表格。

3）对应代码

第一步（step1）和第二步（step2）的对应代码分别与 7.1.1 节的第一步和第二步相同；第三步（step3）的对应代码是 3.5.1 节"简单词频排序"，但本模块代码比 3.5.1 节的复杂；第四步（step4）的对应代码是遍历代码，可见于各类代码组合；第五步（step5）的对应代码是 sorted（）函数；第六步（step6）的对应代码是 2.3.3 节的"输出 xlsx 文件格式"，但本模块代码比 2.3.3 节的复杂。

4）代码编程

第一步（step1）：参见 7.1.1 节的第一步。

第二步（step2）：参见 7.1.1 节的第二步。

第三步（step3）：定义函数 count_word(text)是用于按单词统计词频，实现这一功能的是 FreqDist（）函数，加上 items（）函数表示可访问"键-值"对即单词-词频对，分别统计出单词和相对应的出现频率。本步骤之所以使用遍历代码，关键在于后续的 Excel 文件输出要求，故除了使用 FreqDist（）之外，还需遍历键-值对。本函数的运行结果是构建起两个链表，即一个是单词链表，另一个是词频链表。

```
from nltk import FreqDist
def count_word(text):
    freq = FreqDist(text).items()
    word_list = []
    count_list = []
    for i in range(len(freq)):
        word_list = word_list + [freq[i][0]]
        count_list = count_list + [freq[i][1]]
    return word_list, count_list
```

第四步（step4）：定义函数 word_freq_pair(word, freq)是为了构建一个单词与词频对应的大链表，故设置为两个参数。其中的每一对单词和词频均构成一个小链表。本步骤的遍历代码是遍历单词及其词频，然后进行加和，以构成一个键-值对应表。

```
def word_freq_pair(word, freq):
    pair_list = []
    for i in range(len(word)):
        pair = []
        pair = pair + [word[i], freq[i]]
        pair_list = pair_list + [pair]
    return pair_list
```

第五步(step5)：定义函数 sort_data(word, freq)是为了对第四步的键-值对应表按词频排序。本函数模块的 lambda 语句表示将第四步函数 word_freq_pair(word, freq)的结果传递给函数 sorted(),用于结果的排序处理。

```
def sort_data(word, freq):
    word_freq_list = word_freq_pair(word, freq)
    sorted_data = sorted(word_freq_list, key = lambda result:
        result[1], reverse = True)
    return sorted_data
```

第六步(step6)：定义函数 data_output(name, data)是用于输出 Excel 文件。相比于 7.1.1 节第四步的代码，本步骤代码更为复杂,因为不仅输出单词本身,还要输出统计后的词频。其遍历代码是为了遍历键-值对应表中的单词和词频,然后写入 Excel 表格。比较两段代码,本节代码多出了 sheet.write(a, b+1, data[i][1])一行,其表示表格中的第二列为词频,而且 write()函数内的参数也有所不同,前者仅为 sheet.write(a, b, w),本段代码为 sheet.write(a, b, data[i][0])和 sheet.write(a, b+1, data[i][1]),其中的[0]所对应的是第五步的单词部分,[1]对应的是词频部分;b 表示把单词部分列在表格的第1列,b+1 表示把词频部分列在第 2 列。

```
import xlsxwriter
def data_output(name, data):
    workbook = xlsxwriter.Workbook(name)
    sheet = workbook.add_worksheet()
    sheet.set_column('A:A', 20)
    a = 0
    b = 0
    for i in range(len(data)):
```

```
        sheet.write(a，b，data[i][0])
        sheet.write(a，b＋1，data[i][1])
        a = a + 1
    workbook.close()
```

【执行代码】在 if __name__ ＝ ＝ '__main__':之下可将上述六个函数模块组合在一起实现本案例所提出的要求。本执行代码模块下的 step3 和 step4 表示两个参数，而不是指上述第三步和第四步的概念。由于函数内参数的映射作用，故而使用 step3 和 step4。

```
if __name__ ＝ ＝ '__main__':
    corpora = r'D:\python test\2_eng'
    output = r'D:\word frequency11.xlsx'
    step1 = upload_corpus(corpora)
    step2 = normalization(step1)
    step3，step4 = count_word(step2)
    step5 = sort_data(step3，step4)
    step6 = data_output(output，step5)
```

【运行结果】

5）问题思考

第一，7.1.1 节"问题思考"中的第一、二、三项内容均适合本案例。

第二，与 7.1.1 节案例相比，本案例代码略显复杂，不仅多出两个步骤，还使用了更多的编程技术，如访问键-值对的 items()函数、lambda 语句。其中使用遍历代码的有三处之多。两者相对而言,本案例的代码编写更为需要逻辑上的思考。

第三,之所以在 7.1 节安排两个案例,是为了代码学习的循序渐进,以期取得更佳效果。考察两个案例的实际意义,并结合语料库工具如 WordSmith 做对比,7.1.2 节案例明显优于 7.1.1 节案例。本节案例代码的具体作用可与 WordSmith 和 AntConc 等软件工具的 Wordlist 功能相比对。

7.2　以 Excel 文件格式输出表格

1) 提出问题

本案例试图把 4.2 节"表格绘制"中的操作界面打印结果输入 Excel 表格。

2) 算法设计

针对上述问题,可将算法设计为五个步骤:第一步(step1)和第二步(step2)是读取多文本语料库并列出相应的文件名,这两步可归为一个函数模块;第三步(step3)是结合待计数的词汇对已读取的文本进行形符统计;第四步(step4)是将不同的文本文件名与相应的形符统计结果相结合;第五步(step5)是将结果写入 Excel 表格。

3) 对应代码

第一步(step1)和第二步(step2)的对应代码,是 2.2.2 节代码二"读取文件夹内的所有文件"和 3.3.1 节代码三"用于清除文本中的非字母字符",第三步(step3)的对应代码是 3.5.1 节"简单词频排序"和遍历代码,第四步(step4)的对应代码是双重遍历代码,第五步(step5)的对应代码是 2.3.3 节的"输出 xlsx 文件格式"和制作表头的代码。

4) 代码编程

(本案例代码由上海交通大学外国语学院 2016 级 MTI 学生王天奇提供,经修改)

第一步(step1)和第二步(step2):定义函数 upload_corpus(root)是为了读取指定语料库内的所有文本。读取文本的同时亦进行降噪处理即转小写和清除非字母元素。本代码段输出的结果是语料库内所有文件的文件名和由所有文本组成的链表。

```
from nltk import *
from nltk.corpus import PlaintextCorpusReader
def upload_corpus(root):
```

```
    norm_text = []
    corpora = PlaintextCorpusReader(root,'.*')
    filenames = corpora.fileids()
    for i in range(len(filenames)):
        text = corpora.raw(filenames[i])
        text_word = word_tokenize(text)
        token = [word.lower() for word in text_word if word.isalpha()]
        norm_text = norm_text + [token]
    return filenames, norm_text
```

第三步(step3)：定义函数 count_word(text，wordToCount)是用于统计待计数单词(即情态动词)在每一个文本中的形符数,故设置为两个参数：一是语料库中的文本,与 upload_corpus(root)函数模块中的 norm_text 相对应;二是本段代码统计的对象即情态动词,与执行代码中即将输入的具体情态动词相对应。

```
def count_word(text, wordToCount):
    count_list = []
    for i in range(len(text)):
        fdist = FreqDist(text[i])
        count = []
        for j in range(len(wordToCount)):
            count = count + [fdist[wordToCount[j]]]
        count_list = count_list + [count]
    return count_list
```

第四步(step4)：定义函数 data_combine(filenames，freq_list)是用于把语料库中相应的文件名与情态动词统计结果结合成一个对应的链表。故设置两个参数,一是具体的文件名,二是与具体文件名相对应的情态动词统计结果。

```
def data_combine(filenames, freq_list):
    data = []
    for i in range(len(freq_list)):
        data_pair = []
        data_pair = data_pair + [filenames[i]]
        for j in range(len(freq_list[i])):
            data_pair = data_pair + [freq_list[i][j]]
        data = data + [data_pair]
```

return data

第五步(step5)：本段代码包含两个函数模块：定义第一个函数 header_index_generate()是用于生成表头并输入第二个函数内，定义第二个函数 data_output(outputname，data，wordToCount)是用于输出 Excel 文件。故第一个函数无参数，而第二个函数设置有三个参数：一是输出文件，与执行代码中文件存储文职相对应；二是引用的数据，与 data_combine(filenames，freq_list)函数模块的结果 data 相对应；三是待计数情态动词，用于打印情态动词。本段代码的第二个函数由四部分组成，即生成表格、制作表头、情态动词计数、文本计数。

```
import xlsxwriter
def header_index_generate():
    alphabet = [chr(i) for i in range(97,123)]
    header_index = []
    for i in range(len(alphabet)):
        header_index = header_index + [alphabet[i].upper() + '1']
    return header_index
def data_output(outputname, data, wordToCount):
    workbook = xlsxwriter.Workbook(outputname)
    sheet = workbook.add_worksheet()
    sheet.set_column('A:A', 30)
    index = header_index_generate()[0:len(data[0])]
    sheet.write(index[0], 'Filenames')
    for i in range(len(wordToCount)):
        sheet.write(index[i+1], wordToCount[i])
    for i in range(len(data)):
        for j in range(len(index)):
            sheet.write(i+1, j, data[i][j])
    workbook.close()
```

【执行代码】在 if __name__ == '__main__':之下可将上述五个函数模块组合在一起实现本案例所提出的要求。相比较于 7.1 节的两个案例，本段代码多出了一行输入情态动词的代码。

```
if __name__ == '__main__':
    corpora = r'D:\python test\4_UN conventions'
```

```
wordToCount = ['can', 'could', 'may', 'might', 'must', 'will',
'shall', 'should']
output = r'D:\CountWordsResult1.xlsx'
step1, step2 = upload_corpus(corpora)
step3 = count_word(step2, wordToCount)
step4 = data_combine(step1, step3)
step5 = data_output(output, step4, wordToCount)
```

【运行结果】

	A	B	C	D	E	F	G	H	I
1	Filenames	can	could	may	might	must	will	shall	should
2	agreement establishing wto.	1	0	25	1	0	1	136	1
3	agreement government procu	7	1	62	3	5	6	219	9
4	agreement on rules of orig	3	0	21	0	2	4	74	10
5	agreement on tariffs and t	20	3	145	11	1	19	369	32
6	agreement on trade in serv	3	2	64	0	1	4	171	6
7	anti-dumping agreement.txt	13	0	50	1	7	1	182	14
8	contracts sale of goods.tx	4	8	77	0	35	24	6	2
9	convention on tobacco cont	1	0	27	0	0	4	136	12

5）问题思考

第一，与 7.1.1 节和 7.1.2 节案例相比，本节案例是一个循序渐进的结果，即 7.1.1 节案例仅输出一列内容，7.1.2 节案例输出两列内容，而本节案例可输出无限多列内容，且输出形式更为复杂，多出了文件名和表头两部分。三个案例均为输出 Excel 文件格式，但输出代码已有显著区别。相较于 7.1.1 节案例，7.1.2 节案例仅多出一行代码，而本节案例却多出了近十行代码。

第二，一个函数模块既可以输出一个结果，也可以是多个结果，其关键在于该函数的输出结果必须与相应的函数模块建立起对应关系，这一点必须在执行代码中得以体现。

7.3　语篇词汇密度的计算

1）提出问题

本案例尝试计算《中华人民共和国著作权法》英译本的词汇密度。

所谓的词汇密度是指语篇中实词所占的比例。语篇的词汇密度越大,表明其实词越多,语篇所含信息量也越大(吴瑾,邹青,2009)。词汇密度的计算方式(Ure,1971)为(实词数/词汇总数)＊100％。计算词汇密度时须考虑到两种情形(鲍贵,2008),一是重复计算语篇中的实词,二是将重复出现的实词合并后计算实词类符的占比。

2) 算法设计

针对上述问题,可将算法设计为三个大步骤:第一是读取语篇文本,第二是对文本做降噪处理,第三是计算词汇密度。

3) 对应代码

第一步(step1)的对应代码是 2.2.2 节代码五"读取本地文件(二)",第二步(step2)和第三步(step3)的对应代码是 3.2.2 节代码二"写入文件内的停用词",第四步(step4)和第五步(step5)的对应代码是 3.6.2 节代码一"简单类符形符比"。

4) 代码编程

第一步(step1): 定义函数 upload_text(text)是为了读取指定文件夹内的一个文本。

```
def upload_text(text):
    text = open(text)
    for line in text:
        line1 = line.replace('\xef\xbb\xbf','')
    return line1
```

第二步(step2)和第三步(step3): 定义函数 noise_reduction(text, stopwords_file)是为了实现双重降噪的目的:一是清除文本中的非字母元素,二是根据自定义停用词表清除文本中的虚词。根据本案例要求,不使用 NLTK 固有停用词,而是设置虚词停用词即一个包含代词、冠词、介词、连词和部分助动词的停用词表。本段代码输出两个结果:一是清除非字母元素后的形符,二是在此基础上清除了虚词后的实词。

```
def noise_reduction(text, stopwords_file):
    f = open(stopwords_file, 'r')
    f_read = f.read()
    f.close()
    stopwords_list = f_read.split(', ')
    token_text = [w.lower() for w in text if w.isalpha()]
```

clean_text ＝ ［w for w in token_text if w not in stopwords_list］

return clean_text，token_text

第四步(step4)和第五步(step5)：定义函数 get_result(clean_text，token_text)是用于计算两类实词密度：一是文本中的实词数除以形符总数，二是实词类符除以形符总数，因此本段代码也输出两个结果。

from __future__ import division

def get_result(clean_text，token_text)：

result1 ＝ len(clean_text) / len(token_text)

result2 ＝ len(set(clean_text)) / len(token_text)

return result1，result2

【执行代码】

if __name__ ＝＝ '__main__':

version ＝ r' D：\ python test \ 10 _ intellectual property \ Chinese copyright law_chn_eng.txt'

stopwords _ file ＝ r' D：\ python _ coding \ 171101 _ stopword _ list _ density.txt'

step1 ＝ upload_text(version)

step2，step3 ＝ noise_reduction(step1，stopwords_file)

step4，step5 ＝ get_result(step2，step3)

print ' 　　　　　　　　 ','content words/tokens','types/tokens'

print 'Lexical density：', step4,' 　　 ', step5

【运行结果】

```
In [7]: if __name__ == '__main__':
   ...:     version = r'D:\python test\10_intellectual property\Chinese copyright law_chn_eng.txt'
   ...:     stopwords_file = r'D:\python_coding\171101_stopword_list_density.txt'
   ...:     step1 = upload_text(version)
   ...:     step2, step3 = noise_reduction(step1, stopwords_file)
   ...:     step4, step5 = get_result(step2, step3)
   ...:     print '                ', 'content words/tokens', 'types/tokens'
   ...:     print 'Lexical density:', step4, '      ', step5
   ...:
   ...:
                content words/tokens types/tokens
Lexical density: 0.615384615385      0.307692307692
```

5) 问题思考

第一，停用词的设置直接影响到词汇密度的计算结果，就某一文本展开数据统计时，应采用统一的停用词表和其他降噪代码，否则最后得出的结果其可比性会被削弱。

第二，titlecase()函数的作用是将标题中的实词转换为大写，这一功能也可应用于本段代码，也就是将文本中的实词转换为大写，然后提取出这些实词用于计算词汇密度。由于转换大写的实词范围是特定的，其最后的结果会与上述运行结果有所差别。而且文本中首个单词无论其为实词还是虚词，第一个字母始终是大写，即首个单词是虚词时也被提取出来。另外，在采用titlecase()函数时，须先行清除所有的标点符号。

第三，若本案例是比较《中华人民共和国著作权法》英译本、《德国著作权法》英译本、《美国版权法》原版本和《英国版权法》原版本的词汇密度，则须将表格形式输出可比结果。具体的四个版本词汇密度比较见表 7.1（文本读取为语料库读取方式即 from nltk.corpus import PlaintextCorpusReader）。

表 7.1　不同国家著作权法或版权法的词汇密度对照

	词汇密度 1 实词/形符	词汇密度 2 实词类符/形符
《中华人民共和国著作权法》英译本	0.558 439 326 229	0.122 206 943 967
《德国著作权法》英译本	0.540 083 580 566	0.067 438 670 367 2
《美国版权法》原版本	0.524 601 354 594	0.038 248 626 739 9
《英国版权法》原版本	0.489 209 390 462	0.026 665 964 838 4
四版本均值	**0.528 083 412 963**	**0.063 640 051 478 1**
四版本合并后数值	0.512 739 586 561	0.022 416 006 374 2

第四，若将上述代码的第一步(step1)代码和执行代码替换如下，其运行结果会不相同。其中的关键在于下述代码在读取文本之后即经过 corpora.words()的分词处理并转换成链表，而上述代码在经历第一步(step1)之后仍为字符串，是在第二步经由[w.lower() for w in text if w.isalpha()]转换成链表。故在统计数据时，文本读取方式必须保持一致，建议面对语料库数据统计时，均采用下述方式，以使数据具有可比性。

第一步(step1)：
```
from nltk.corpus import PlaintextCorpusReader
def upload_text(root, name):
    corpora = PlaintextCorpusReader(root, [name])
    myfiles = corpora.words(corpora.fileids())
```

```
    return myfiles
```

【执行代码】

```
if __name__ == '__main__':
    corpora = r'D:\python test\10_intellectual property'
    inputfile = 'Chinese copyright law_chn_eng.txt'
    stopwords_file = r'D:\python_coding\171101_stopword_list_
    density.txt'
    step1 = upload_text(corpora, inputfile)
    step2, step3 = noise_reduction(step1, stopwords_file)
    step4, step5 = get_result(step2, step3)
    print '                  ', 'content words/tokens', 'types/tokens'
    print 'Lexical density:', step4, '      ', step5
```

【运行结果】

```
...: if __name__ == '__main__':
...:     corpora = r'D:\python test\10_intellectual property'
...:     inputfile = 'Chinese copyright law_chn_eng.txt'
...:     stopwords_file = r'D:\python_coding\171101_stopword_list_density.txt'
...:     step1 = upload_text(corpora, inputfile)
...:     step2, step3 = noise_reduction(step1, stopwords_file)
...:     step4, step5 = get_result(step2, step3)
...:     print '                  ', 'content words/tokens', 'types/tokens'
...:     print 'Lexical density:', step4, '      ', step5
...:
...:
               content words/tokens types/tokens
Lexical density: 0.558439326229       0.122206943967
```

7.4　语篇词汇复杂性的计算

1）提出问题

本案例尝试计算《中华人民共和国著作权法》英译本和《美国版权法》原文本的语篇词汇复杂性并做比较。

语篇的词汇复杂性是指语篇内低频词的占比或覆盖率(郑咏滟,冯予力,2017;鲍贵,2008)。这些低频使用的词汇代表着特殊语境下的扩展,属于特定对象语言系统的边缘,这与高频使用的词汇代表着语言系统中固化的核心相对应(谭业升,2012:171)。词汇复杂性可反映学习者产出性词汇量的相对大小或不同阶段词汇量的发展变化情况(鲍贵,2008)。就学生英语词汇习得而言,词汇复杂性随着学生年级的升高而提升,且相邻两个年级学生作文之间的词汇复杂性存在显著性差异(朱慧敏,王俊菊,2013)。从国内现有研究看(鲍贵,王霞,2005;鲍贵,2008;王海华,周祥,2012;朱慧敏,王俊菊,2013),语篇词汇复杂性的计算多采用基于词频设计的词汇统计软件 Range,研究对象也多为二语词汇习得情况。

低频词的确定倘若以语篇中词汇出现频率的高低加以区别,则多少会有失偏颇。Range 软件为此提供了一种选择,其自带有分级词表,可供对比研究,且一般选定 1 000 词 + 1 000 词作为对比词表。该分级词表是依托英国国家语料库(BNC)和当代美国英语语料库(COCA)制作而成,可视为权威的比照对象(参见 https://www.victoria.ac.nz/lals/about/staff/paul-nation#vocab-lists,[2018-04-11])。故本案例也计划采用这 2000 词通用词表来计算上述两部法律的词汇复杂性。

2) 算法设计

针对本案例,可将算法设计为四个步骤:第一步(step1)是读取语篇文本,第二步(step2)是对文本做降噪和词形还原处理,第三步(step3)是读取词表,第四步(step4)是根据词表识别出语篇内的非词表单词并计算出非词表单词的占比。

3) 对应代码

第一步(step1)的对应代码是 2.2.2 节代码一"读取一个或多个文件",第二步(step2)的对应代码是 3.3.1 节代码三"用于清除文本中的非字母字符"和 3.4.2 节"词形还原",第三步(step3)的对应代码主要是 2.2.2 节代码五"读取本地文件(二)",第四步(step4)的对应代码主要是计算形符数或字符数等的函数 len()的具体应用。

4) 代码编程

第一步(step1):定义函数 upload_text(root, name)是为了读取指定文件夹内的一个文本。

```
from nltk.corpus import PlaintextCorpusReader
def upload_corpus(root, name):
    corpora = PlaintextCorpusReader(root, [name])
    step1 = corpora.words(corpora.fileids())
    return step1
```

第二步(step2):定义函数 get_normal(text)是为了对文本做降噪处理即

文本转小写和去除非字母元素，同时还进行词形还原处理。

```
from nltk.stem import WordNetLemmatizer
def get_normal(text):
    text1 = [w.lower() for w in text if w.isalpha()]
    wnl = WordNetLemmatizer()
    step2 = [wnl.lemmatize(w) for w in text1]
    return step2
```

第三步(step3)： 定义函数 get_vocablist(vocablist1，vocablist2)是为了对两个词表进行分词处理，然后合并成一个大词表。

```
import nltk
def get_vocablist(vocablist1，vocablist2):
    f1 = open(vocablist1,'r')
    f2 = open(vocablist2,'r')
    f1_read = f1.read()
    f2_read = f2.read()
    f1.close()
    f2.close()
    vlist1 = nltk.word_tokenize(f1_read.lower())
    vlist2 = nltk.word_tokenize(f2_read.lower())
    step3 = vlist1 + vlist2
    return step3
```

第四步(step4)： 定义函数 get_result(text，vocab_list)是为了对照词表从文本中提取表征词汇复杂性的词汇，并计算出所占比例。

```
from __future__ import division
def get_result(text，vocab_list):
    clean_text = [w for w in text if w in vocab_list]
    result = len(clean_text) / len(text)
    return result
```

【执行代码】

```
if __name__ == '__main__':
    corpora = r"D:\python test\17_ENG-CHN_pairs"
    inputfile = 'Chinesecopyrightlaw_chn_eng.txt'
    vocab_list1 = r'D:\python test\headwords 1st 1000.txt'
```

```
vocab_list2 = r'D:\python test\headwords 2nd 1000.txt'
step1 = upload_corpus(corpora, inputfile)
step2 = get_normal(step1)
step3 = get_vocablist(vocab_list1, vocab_list2)
result = get_result(step2, step3)
print result
```

【运行结果】

	《中华人民共和国著作权法》英译本	《美国版权法》原文本
词汇复杂性	0.684 599 518 735	0.653 258 666 667

5) 问题思考

第一,词汇复杂性是作为一个参数来对比不同文本的词汇使用情况。由于词汇均已还原为原形(因词表要求),所计算的复杂性仅能表示本文中使用了哪些词汇,并不能说明是如何使用这些词汇的,如搭配等情况。这也是同类型研究中普遍存在的一个问题。

第二,如 3.4.2 节所述,词形还原器 WordNetLemmatizer()默认的还原对象仅为名词,其他词类如动词和形容词等必须标明词性。因此,本段代码需要根据 8.4 节"语篇词形还原"对 get_normal(text)进行重新设计。

第三,Range 软件所使用的词表一般为最常用 1 000 词(即 headwords 1st 1000.txt)、次常用 1 000 词(即 headwords 2nd 1000.txt)、学术词汇和表外词。本案例仅使用前两者,且把两者合二为一个词表。若设想逐级得出文本的词汇复杂性,不妨使用本案例所列网页上的 10 000 词十级词表进行逐一计算。

7.5 语篇词长分布的计算

1) 提出问题

本案例尝试计算《中华人民共和国著作权法》英译本和《美国版权法》原文本的语篇词长分布情况。

作为词内因素之一的词长,其在语篇内的分布情况预示着该语篇的一些独特性,会对词汇学习产生可能的影响(黄虹志,2007)。已有统计分析显示

(李建平,秦洪武,2014),中国中学生的英语成绩与其英语写作的平均词长并不相关,但其在不同长度单词的使用上存在明显差异,即随着成绩的提高,越来越多地使用一些较长的低频词汇和两个字母构成的单词(主要是功能词)。字母数量、音节数量和词素数量均为衡量英语单词长度的指标,就英汉心理词典中英语单词的存储来说,英语单词的词长影响了英语单词的存储,存在着三类词长效应即字母效应、音节效应和词素效应(陈士法等,2011)。对汉语词汇长度的研究(邓耀臣,冯志伟,2013)表明,词汇越长,在语篇中的使用频率越低,二者成反比关系,这一点与英语语篇的词长特征并无二致。

邓耀臣和冯志伟(2013)在词长与频数关系的研究中运用 Visual Foxpro 语言编写了一套计算机程序,依次对语料库进行词语的形符切分、词语和词性码的分离、词频统计、词长测量以及不同词长的单词个数和平均频数的自动统计。李建平和秦洪武(2014)在中美中学生英语写作用词词长对比研究中将 WordSmith Tools 5.0 用于统计平均词长、不同长度单词的数量以及进行主题词对比,将 AntConc 3 2 4w 用于检索不同长度的单词,同时将 Excel 2003 用于统计相关数据并制作图表。前者运用了一种编程工具,其数据处理均在一款工具内完成,而后者有所不同,是运用多种工具来完成研究的数据提取工作。鉴于此,本案例尝试运用 Python 编程工具来完成词长分布的计算。

2)算法设计

针对本案例,可将算法设计为三个大步骤:第一是读取语篇文本,第二是对文本做降噪处理并识别出语篇内的最长单词,第三是分别计算最大词长范围内每一类词长所对应的单词数。

3)对应代码

第一步(step1)的对应代码是 2.2.2 节代码一"读取一个或多个文件",第二步(step2)和第三步(step3)的对应代码是 3.3.1 节代码三"用于清除文本中的非字母字符",第四步(step4)的对应代码主要是计算形符数或字符数等的函数 len()的具体应用。

4)代码编程

第一步(step1): 定义函数 upload_text(root, name)是为了读取指定文件夹内的一个文本。

```
from nltk.corpus import PlaintextCorpusReader
def upload_corpus(root, name):
    corpora = PlaintextCorpusReader(root, [name])
    step1 = corpora.words(corpora.fileids())
```

```
    return step1
```

第二步（step2）和第三步（step3）：定义函数 get_max_length(text) 是为了计数指定语篇中最大词长单词的字母数，用于后续确定语篇词长的分布范围，故本函数输出两个结果，一个过程结果即经降噪的文本和一个函数内最终结果即词长分范围。函数 range() 用于得出词长分布范围链表。

```
def get_max_length(text)：
    step2 = [w.lower() for w in text if w.isalpha()]
    max_length = max(len(w) for w in step2)
    step3 = range(1, max_length + 1)
    return step2, step3
```

第四步（step4）：定义函数 get_result(text, number) 是为了输出三个结果即词长分布范围、特定词长的单词数、特定词长单词的占比，且采用界面打印输出的形式。所定义的函数有两个参数即经降噪的语篇和词长分布范围。本函数采用遍历代码在遍历词长分布范围的数字，再行计数相应的单词数并计算出所占比例。

```
from __future__ import division
def get_result(text, number)：
    print 'Letters', '', 'Words', '  ', 'Ratio'
    for i in number：
        word_length = [w for w in text if len(w) == i]
        word_count = len(word_length)
        ratio = word_count / len(text)
        print i, '        ', word_count, '  ',  ratio
    return i, word_count, ratio
```

【执行代码】

```
if __name__ == '__main__'：
    corpora = r"D：\python test\17_ENG - CHN_pairs"
    inputfile = 'Chinesecopyrightlaw_chn_eng.txt'
    step1 = upload_corpus(corpora, inputfile)
    step2, step3 = get_max_length(step1)
    i, word_count, ratio = get_result(step2, step3)
```

【运行结果】

输出《中华人民共和国著作权法》英译本的三个结果词长分布范围、特定词长的单词数、特定词长单词的占比。

```
In [3]: if __name__ == '__main__':
   ...:     corpora = r"D:\python test\17_ENG-CHN_pairs"
   ...:     inputfile = 'Chinesecopyrightlaw_chn_eng.txt'
   ...:     step1 = upload_corpus(corpora, inputfile)
   ...:     step2, step3 = get_max_length(step1)
   ...:     i, word_count, ratio = get_result(step2, step3)
   ...:
   ...:
Letters    Words    Ratio
1          209      0.0359229975937
2          1198     0.205912684771
3          1073     0.184427638364
4          500      0.0859401856308
5          649      0.111550360949
6          352      0.0605018906841
7          482      0.0828463389481
8          308      0.0529391543486
9          430      0.0739085596425
10         240      0.0412512891028
11         169      0.0290477827432
12         115      0.0197662426951
13         51       0.00876589893434
14         33       0.00567205225163
15         9        0.00154692334135
```

输出《美国版权法》原文本的三个结果。

```
In [2]: if __name__ == '__main__':
   ...:     corpora = r"D:\python test\17_ENG-CHN_pairs"
   ...:     inputfile = 'American Copyright Act_eng.txt'
   ...:     step1 = upload_corpus(corpora, inputfile)
   ...:     step2, step3 = get_max_length(step1)
   ...:     i, word_count, ratio = get_result(step2, step3)
   ...:
   ...:
Letters    Words    Ratio
1          4977     0.053088
2          19319    0.206069333333
3          15044    0.160469333333
4          9234     0.098496
5          8573     0.0914453333333
6          6763     0.0721386666667
7          7957     0.0848746666667
8          5190     0.05536
9          6061     0.0646506666667
10         4266     0.045504
11         2776     0.0296106666667
12         2180     0.0232533333333
13         898      0.00957866666667
14         300      0.0032
15         183      0.001952
16         11       0.000117333333333
17         14       0.000149333333333
18         4        4.26666666667e-05
```

5）问题思考

第一，本案例算法设计的关键一环是如何确定词长分布范围，即先确定最大词长，再据此得出词长范围分布链表，为后续遍历该链表中的每一类词长元素界定范围。建立词长范围分布链表的函数为 range()，其所包含的两个起始参数必须是整数，而且后一个参数数值本身并不包含在词长范围分布链表内，故需要加"1"。词长范围分布链表如下：

Out[6]：[1, 2, 3, 4, 5, 6, 7, 8, 9, 10, 11, 12, 13, 14, 15]

Out[7]：[1, 2, 3, 4, 5, 6, 7, 8, 9, 10, 11, 12, 13, 14, 15, 16, 17, 18]

第二，从《中华人民共和国著作权法》英译本和《美国版权法》原文本的两个运行结果看，两者的形符统计虽相差甚远（经 Python 降噪后统计形符前者为 5 818、后者为 93 750），但前者的词长分布范围小于后者（少了 16～18 个字母词长的单词），而且两者在 15 个字母词长范围内的单词占比分布情况却较为相似。

第三，本案例的运行结果是以最初的界面输出形式呈现，形式虽然简单，但可直接获取数据（若需对齐输出结果，可在 print 语句中设置'\t'来实现）。当然，也可以其他方式呈现，如 Excel 格式或图表形式，这需要另行添加函数模块。

7.6 NLTK 固有语料库

Python 的自然语言处理工具包收录有数十种语料库（http：//www.nltk.org/nltk_data/），可供语料库研究和应用的资源十分丰富。若需使用该网址下的相关语料库，可通过 import nltk/nltk.download()进行下载。下载后的各类语料库可以不同方式加载使用，如通过代码 from nltk.book import * 可加载九种语料库，其中就包含下述的总统就职演讲语料库（text4：Inaugural Address Corpus）和华尔街语料库（text7：Wall Street Journal）。还可通过代码 from nltk.corpus import...加载其他语料库，如通过 from nltk.corpus import gutenberg 加载古腾堡语料库（Project Gutenberg），通过 from nltk.corpus import brown 加载布朗语料库（Brown Corpus），通过 from nltk.corpus import reuters 加载路透社语料库（Reuters Corpus）等。NLTK 固有语料库中有许多语料都进行了词性、句法结构、语义角色等语言学标注（王天奇，管新潮，2017），如 3.4.4 节代码四"一元标注器"，就是利用经词性标注的布朗语料库对其他文本进行词性标注，可显著提高词性标注的正确性。

本节将述及此类语料资源的利用方法即如何进行语料分析和数据挖掘，所用案例涉及总统就职演说语料库和华尔街语料库，并介绍可资 Python 使用的其他相关语料库，如 WordNet 语料库、宾州树库和布朗语料库。

7.6.1　总统就职演说语料库

1）语料库介绍

本语料库汇总了历任美国总统的就职演说稿，在 NLTK 中被命名为 inaugural，加载该语料库的代码为 from nltk.corpus import inaugural。相关实例之一是条件频率分布图（Bird *et al.* 2014：60），呈现了历任美国总统就职演说稿中 american 和 citizen 两词的历时演变情况。可能是由于 NLTK 工具包的发布时间原因，语料库内（C：\Users\PC\AppData\Roaming\nltk_data\corpora\inaugural）未收集有特朗普总统的就职演说稿。故在启用之前，按格式要求另行添加了该文字稿。

2）语料库应用

考察本语料库时发现，历任美国总统对人称代词的使用有着很大区别，尤其是对第一人称的使用。因此，本案例拟选小布什、奥巴马和特朗普三位总统的演说稿进行相关数据提取和分析。

3）算法设计

本案例代码可分为两部分：一是分别计数三个文本内所有词汇的词频，二是计数相关代词的词频并输出为 Excel 结果。

4）代码编程

（本案例代码由上海交通大学外国语学院 2018 级 MTI 学生李建林提供）

在加载相关模块后，分别读取三个文本并进行分词处理，再以频率分布函数 FreqDist()分别计数。

```
import csv
from nltk.corpus import inaugural
from nltk import FreqDist
bush_words = inaugural.words('2005 - Bush.txt')
obama_words = inaugural.words('2009 - Obama.txt')
trump_words = inaugural.words('2017 - Trump.txt')
bush_freq = FreqDist(bush_words)
obama_freq = FreqDist(obama_words)
trump_freq = FreqDist(trump_words)
```

创建一个 csv 格式文件用于写入相应的数据，此时必须考虑到 csv 格式的表头文字和纵列文字。然后采用遍历方法具体读取不同的代词所对应的词频,最后关闭所创建的文件。

```
csvfile = file(r'D:\csv_test5.csv', 'wb')
sheet = csv.writer(csvfile)
sheet.writerow(['', 'Bush', 'Obama', 'Trump'])
word_list = ['I', 'me', 'my', 'we', 'us', 'our']
for word in word_list:
    sheet.writerow([word,
                    bush_freq[word],
                    obama_freq[word],
                    trump_freq[word]])
csvfile.close()
```

【运行结果】

5) 问题思考

第一,对比所提取的结果发现,奥巴马总统使用系列第一人称代词的频率明显高于其他两位。第一人称的使用有利于拉近总统和听众选民之间的距离,可使总统和听众处于同一战线上,更容易获得民众的信任和支持。

第二,本案例所使用的关键函数是频率分布函数 FreqDist(),其仅在输出结果时与所指定的统计对象(此处为代词)相匹配。这一点正好与《Python 自然语言处理》(Bird *et al.* 2014:60)一书中的条件频率分布函数 ConditinalFreqDist() 有所不同。后者是与文件名和每一个文件内的对应词相匹配,如代码 for fileid in inaugural.fileids() 和 for w in inaugural.words(fileid)。相比较而言,使用频率分布函数 FreqDist() 的本案例更为简洁。

7.6.2　华尔街杂志语料库

1) 语料库介绍

华尔街杂志语料库(Wall Street Journal)可通过 from nltk.book import ∗ 加载,其中的 text7 即为华尔街杂志语料库,共计形符数为 100 676 个(未经降噪处理)。该语料库在 NLTK 中以链表形式保存,以函数 len(text7)即可计算其形符数。

2) 语料库应用

本案例试图选取《经济学人》杂志 2018 年 4 月 26 日 "Business and Finance" 栏目下的一篇文章 "Donald Trump is sending shockwaves through global commodities markets"(未经降噪处理的总形符数为 1 140 个),将其与华尔街杂志语料库作对比,以求得该篇文章相对于华尔街语料库而言的主题词(key words)及其关键性数值(keyness)。在此须注意给定文本与参照语料库之间的可比性,即文本与参照语料库的语域是否一致。

WordSmith 软件也有类似的提取文本主题词并计算其关键性数值的功能。这里所指的主题词是指给定文本中词频有独特表现的词,这也并不意味着高词频词其词频就有独特的表现,确定一个文本中的词是不是主题词还需借助于参照语料库(Scott,1997)。

3) 算法设计

本案例代码参照 Mike Scott 一文编写而成(Scott,1997)。其算法可分为四个部分:一是读取参照语料库即华尔街语料库并进行词频排序,二是读取给定文本并做相似的语言学处理,三是提取文本主题词并计算其关键性数值,四是输出结果。

4) 代码编程

(本案例代码由上海交通大学外国语学院 2016 级 MTI 学生王天奇提供)

加载 NLTK 的语料库模块,选择其中的 text7 即华尔街杂志语料库进行降噪处理(转小写并去除非字母元素),然后给出其频率分布链表。

```
from nltk.book import ∗
reference_corpus_clean = [word .lower() for word in text7
                              if word.isalpha()]
reference_word_list_freq = FreqDist(reference_corpus_clean)
reference_word_list = reference_word_list_freq.keys()
```

以同样方式读取并处理有待提取主题词的给定文本。

```
from nltk.corpus import PlaintextCorpusReader
corpus_root = r"D:\python test\6_keyness"
corpora = PlaintextCorpusReader(corpus_root, ['Trump_sanctions.txt'])
text = corpora.words(corpora.fileids())
text_clean = [word.lower() for word in text if word.isalpha()]
word_list_freq = FreqDist(text_clean)
word_list = word_list_freq.keys()
```

第三步是本案例的关键,需要加载卡方检验模块 from scipy.stats import chisquare 及其相应的代码 scipy.stats.chi2_contingency()。

```
import scipy
from scipy.stats import chisquare
from __future__ import division
num_of_word_ref = len(reference_corpus_clean)
num_of_word = len(text_clean)
result_tuple = []
for i in range(len(word_list)):
    if word_list[i] in reference_word_list_freq:
        if word_list_freq[word_list[i]] >= 2:
            freq = word_list_freq[word_list[i]]
            other_word_freq = num_of_word - freq
            freq_ref = reference_word_list_freq[word_list[i]]
            other_word_freq_ref = num_of_word_ref - freq_ref
            obs = [freq, other_word_freq]
            exp = [freq_ref, other_word_freq_ref]
            chi2, p, ddof, expected = scipy.stats.chi2_contingency
            ([obs, exp])
            if p < 0.000001:
                result_tuple = result_tuple + [(chi2,
                                                word_list[i].upper(),
                                                freq,
                                                '(%.1f%%)' %
                                                ((freq/num_of_word)
                                                * 100),
```

freq_ref,

'(%.6f%%)' % ((freq
_ref/num_of_word_
ref) * 100))]

sorted_data = sorted(result_tuple, key = lambda result: result[0],
reverse = True)

最后,通过加载模块 from tabulate import tabulate 输出表格形式的运行
结果。

from tabulate import tabulate

print tabulate(sorted_data, headers = ['Keyness',

'Key Word',

'Freq - My',

'% - My',

'Freq - Ref',

'% - Ref'])

【运行结果】

Keyness	Key Word	Freq-My	%-My	Freq-Ref	%-Ref
564.294	SANCTIONS	12	(1.2%)	6	(0.007980%)
507.957	TRUMP	9	(0.9%)	2	(0.002660%)
238.441	OIL	11	(1.1%)	23	(0.030591%)
161.763	METALS	6	(0.6%)	8	(0.010640%)
153.127	CHINA	9	(0.9%)	25	(0.033251%)
138.18	GLOBAL	5	(0.5%)	6	(0.007980%)
132.881	NICKEL	4	(0.4%)	3	(0.003990%)
116.38	APRIL	6	(0.6%)	13	(0.017291%)
115.552	PRICES	14	(1.5%)	89	(0.118375%)
107.833	AMERICA	7	(0.7%)	21	(0.027931%)
101.824	COMMODITIES	4	(0.4%)	5	(0.006650%)
87.7839	MARKETS	10	(1.0%)	58	(0.077143%)
56.9458	RARELY	2	(0.2%)	1	(0.001330%)
56.9458	RUSSIAN	2	(0.2%)	1	(0.001330%)
45.0231	THREATENED	3	(0.3%)	7	(0.009310%)
44.6956	IMPORTS	4	(0.4%)	15	(0.019951%)
41.9727	SUFFERED	2	(0.2%)	2	(0.002660%)
41.9727	THREAT	2	(0.2%)	2	(0.002660%)
41.9727	THREATS	2	(0.2%)	2	(0.002660%)
36.7231	NEAR	3	(0.3%)	9	(0.011970%)
33.4482	AMERICAN	7	(0.7%)	67	(0.089114%)
32.994	TESTED	2	(0.2%)	3	(0.003990%)
32.994	DAMAGE	2	(0.2%)	3	(0.003990%)
32.994	AGRICULTURAL	2	(0.2%)	3	(0.003990%)

5) 问题思考

第一,从运行结果看,所提取的主题词已较为全面地反映了给定文本的全
貌,即给出了相关文本所涉及的当前形势下贸易保护主义的发起方、受害方、

保护对象等各要素。这一提取主题词并确定其关键性数值的方法的作用在于其可为本文分析提供内容图式,也可为英语文本学习形成切入视角。

第二,本提取主题词的方法之依据是给定文本中相关词汇的词频独特性(Scott,1997)。对此有些疑问,即给定文本中的一个词的词频恰巧与参照语料库中的同一个词的词频相同又如何呢?故不妨在此基础上将一个词的活跃度也列为提取主题词的参照因素之一,而不仅仅是比较两个词频列表本身。

第三,以此主题词为依据,自动提取文本的关键搭配,其作用可能会更显著。这需要与本书 8.5 节"术语提取效果的改进"进行组合应用。

第四,可否将本案例应用于检验英文写作的主题是否突出这一要素?首先需要确定一个权威的参照语料库和一份或若干份有关某一主题的文章,得出一份标准主题词表,然后将所作英文文章的主题词表与此对比。同时可使用 concordance()检验标准主题词的搭配情况,并以此检查所作文章是否符合搭配要求。

7.6.3 其他相关语料库介绍

1) WordNet

WordNet 是一个大型的词汇数据库,由普林斯顿大学于 1985 创建而成,共有 155 287 个词、117 635 个同义词集合和 206 000 多个词汇语义对(Bird *et al*.,2014:79;Sarkar,2016:321)。数据库内每一个给定的词均包含其定义、实例、同义词、反义词等信息。该数据库的加载可通过代码 from nltk. corpus import wordnet 来实现。WordNet 可广泛应用于文本分析、自然语言处理和基于人工智能的相关应用。

例如,可通过 WordNetLemmatizer()实现词形还原功能(参见 3.4.2 节"词形还原")。WordNet 还具有词典功能,并可用于测试词汇的语义关系和相似性等。下例为调用 WordNet 的词典功能:

from nltk.corpus import wordnet as wn

text = 'university'

for synset in wn.synsets(text):

print synset.name(),':\n','   ', synset.definition()

【运行结果】

```
In [1]: from nltk.corpus import wordnet as wn
   ...: text = 'university'
   ...: for synset in wn.synsets(text):
```

```
  ...:      print synset.name(), ': \n', '     ', synset.definition()
  ...:
  ...:
university.n.01 :
     the body of faculty and students at a university
university.n.02 :
     establishment where a seat of higher learning is housed, including administrative and living
quarters as well as facilities for research and teaching
university.n.03 :
     a large and diverse institution of higher learning created to educate for life and for a
profession and to grant degrees
```

2）宾州树库(Penn Treebank)

宾州树库是以基于语法的解析树形式呈现,且由宾夕法尼亚大学开发创建,故命名为"宾州树库(Penn Treebank)"。其标注用语料文本的内容与华尔街杂志语料库的相同,两者的不同之处在于：华尔街杂志语料库仅以链表形式保存一种形式的语料文本,其加载方式为 from nltk.book import * ;而宾州树库不仅保存有原始语料文本(nltk.corpus.treebank_raw.raw()),还拥有经词性标注和语法解析处理的文本(加载方式为 from nltk.corpus import treebank)。

宾州树库的标注文法如下：

from nltk.corpus import treebank

for sent in nltk.corpus.treebank_chunk.chunked_sents():

　　print sent

```
                (S
                  (NP Trinity/NNP Industries/NNPS Inc./NNP)
                  said/VBD
                  (NP it/PRP)
                  reached/VBD
                  (NP a/DT preliminary/JJ agreement/NN)
                  to/TO
                  sell/VB
                  (NP 500/CD railcar/NN platforms/NNS)
                  to/TO
                  (NP Trailer/NNP Train/NNP Co./NNP)
                  of/IN
                  (NP Chicago/NNP)
                  ./.)
                (S (NP Terms/NNS) were/VBD n't/RB disclosed/VBN ./.)
                (S
                  (NP Trinity/NNP)
                  said/VBD
                  (NP it/PRP)
                  plans/VBZ
                  to/TO
                  begin/VB
                  (NP delivery/NN)
                  in/IN
                  (NP the/DT first/JJ quarter/NN)
                  of/IN
                  (NP next/JJ year/NN)
                  ./.)
```

宾州树库的意义：基于此树库，可以训练出许多处理语料文本的方法，如文本切分方法（分句和分词处理）。TreebankWordTokenizer()就是一个基于宾州树库开发的文本切分器，其分词功能和结果均与 word_tokenize()的相同（Sarkar，2016：113），主要分词原理可参见 6.3.1 节"分词处理方式对后续文本分析的影响"。下述两段代码的分词结果相同。

```
text = """This handbook doesn't provide a concise compilation of approved key information."""
from nltk.tokenize import word_tokenize
seg_text1 = nltk.word_tokenize(text)
print seg_text1
```

和

```
from nltk.tokenize import TreebankWordTokenizer
tokenizer = TreebankWordTokenizer()
seg_text2 = tokenizer.tokenize(text)
print seg_text2
```

【分词结果】['This', 'handbook', 'does', "n't", 'provide', 'a', 'concise', 'compilation', 'of', 'approved', 'key', 'information', '!']

3）布朗语料库（Brown Corpus）

布朗语料库是一款经典的单语语料库，其经典性表现在：① 创建于 20 世纪 60 年代的全球首个可机读语料库，② 涉及 15 种文体类型的平衡语料库，③ 语料选取原则已成为创建语料库的参照标准，④ 从当下看语料库规模虽小（约 100 万词），但其作用不小，仍发挥着多重作用，如经词性标注的布朗语料库可用于其他语料库的词性标注等。本节将描述布朗语料库的另一作用，即通过提取一种文体类型的高频名词来对比文体的异同。

先读取布朗语料库的 15 种文体类型。

```
from nltk.corpus import brown
print brown.categories()
```

【运行结果】

[u'adventure', u'belles_lettres', u'editorial', u'fiction', u'government', u'hobbies', u'humor', u'learned', u'lore', u'mystery', u'news', u'religion', u'reviews', u'romance', u'science_fiction']

从上述结果看，可选取"government"和"religion"两类文体文本进行比较。

```
import nltk
```

```
filenames = ['government', 'religion']
for i in filenames:
    words = brown.tagged_words(categories = i)
    nouns = [(word, tag) for word, tag in words if any(noun_tag
             in tag for noun_tag in ['NP', 'NN'])]
    nouns_freq = nltk.FreqDist([word for word, tag in nouns])
    print i + ':\n', nouns_freq.most_common(10)
```

【运行结果】

government：

[(u'year', 181), (u'States', 162), (u'development', 111), (u'years', 105), (u'time', 103), (u'state', 102), (u'business', 97), (u'State', 93), (u'tax', 83), (u'program', 78)]

religion：

[(u'God', 131), (u'world', 90), (u'man', 64), (u'Christ', 59), (u'life', 55), (u'church', 51), (u'members', 49), (u'power', 48), (u'spirit', 46), (u'Church', 43)]

从上述两种文体类型文本的前 10 个高频名词看,其已体现出一类文本所具有的典型的域内用词特点,即与文本主题息息相关的典型词语。基于此,布朗语料库亦可像华尔街杂志语料库一样,选择其中的某一类文本用于主题词比较。

参考文献

[1] BIRD S, KLEIN E & LOPER. E 2014. Python 自然语言处理(陈涛等译)[M]. 北京：人民邮电出版社.

[2] SARKAR. 2016. Text Analytics with Python [M]. New York：Apress.

[3] SCOTT, M. 1997. PC Analysis of Key Words — And Key Key Words [J]. System 25(2)：233 - 245.

[4] URE J. 1971. Lexical density and register differentiation [A]// PERREN G E & TRIM I L M (eds.). Application of Liguistics[C]. Cambridge：Cambridge University Press. 443 - 452.

[5] 鲍贵. 2008.二语学习者作文词汇丰富性发展多纬度研究[J].外语电化教学(5)：38 - 44.

［6］鲍贵，王霞.2005.Range 在二语产出性词汇评估中的应用［J］.外语电化教学(4)：54-58.

［7］陈士法，彭建武，杨洪娟，侯林平，房红方.2011.英汉心理词典中英语单词存储的词长效应研究［J］.外语教学(5)：48-51.

［8］邓耀臣，冯志伟.2013.词汇长度与词汇频数关系的计量语言学研究［J］.外国语(3)：29-39.

［9］黄洪志.2007.词长因素及其对英语词汇学习影响的实证研究［J］.外国语言文学(1)：28-33.

［10］李建平，秦洪武.2014.中美中学生英语写作用词词长对比研究［J］.语料库语言学(2)：45-59.

［11］谭业升.2012.认知翻译学探索：创造性翻译的认知路径与认知制约［M］.上海：上海外语教育出版社.

［12］王海华，周祥.2012.非英语专业大学写作中词汇丰富性变化的历时研究［J］.外语与外语教学(2)：40-44.

［13］王天奇，管新潮.2017.语料库语言学研究的技术拓展——《用可实现的方法挖掘数据价值》评介［J］.外语电化教学(5)：93-96.

［14］吴瑾，邹青.2009.中国学生英语口笔语语体特征研究：词汇密度与词频［J］.山东外语教学(1)：8-13.

［15］郑咏滟，冯予力.2017.学习者句法与词汇复杂性发展的动态系统研究［J］.现代外语(1)：57-68.

［16］朱慧敏，王俊菊.2013.英语写作的词汇丰富性发展特征——一项基于自建语料库的纵贯研究［J］.外语界(6)：77-86.

下篇
Python 探索路径

第 8 章
Python 的语料库拓展应用

8.1 概　述

随着本章或本篇的开启，意味着读者已进入如何运用 Python 习得自主编程能力以解决实际问题的阶段，即本书所设定的学习 Python 编程的第三个层次。

本章的每一个案例均由五部分构成，即① 提出问题、② 解决方法、③ 算法设计、④ 求最佳解决方案、⑤ 问题思考。"提出问题"部分描述具体的问题，或对问题进行适当的背景信息说明。"解决方法"部分就问题本身给出初步的代码方案，但这些方案往往存在这样或那样的诸多问题，不能较为完美地解决相关案例所提出的问题。"算法设计"部分则根据前述分析提出解决本案例所需的最佳编程步骤，同时也例示解决该问题的关键代码。"求最佳解决方案"部分列出与解决本案例问题相关的代码并解释选择该代码的原因。最后一部分是"问题思考"，对某些编程原因或现象给出解读，或者结合语料库应用进行相关说明。

本章由 7 个案例组成，每一个案例均与语料库研究或应用息息相关。8.2节案例"单语语料导入 Excel 工作簿"旨在说明 Excel 工作簿也是一种简单易学、非常有效的语料库工具，它可与现有的语料库工具相媲美。8.3 节案例"KWIC 检索功能的拓展"拓展了 NLTK 最初提供的 KWIC（上下文关键词检索）功能，以满足连续词组检索的需要。8.4 节案例"语篇词形还原"实现了整个语篇的词形还原功能，为后续语篇分析奠定了基础。8.5 节案例"术语提取效果的改进"是一个具有创新意义的代码组合，有效提升了机器自动提取词组的效能。8.6 节案例"语篇段落对齐"为英汉对照学习或研究提供了一种方法，同时也说明了语料库语篇保存的重要性。8.7 节案例"应用语言学文献计量研究的数据提取"对照知名期刊论文复现 Python 编程代码并提出改进措施。8.8 节案例"专业通用词的提取路径探索"可有效提高 MTI 教学中专业翻译教学的有效性。

通过上述案例的学习研究,所习得的语料库研究或应用的编程能力将助力语言学习者或应用者从语言本体中获取更多的语言数据信息,为后续的语言学研究打下扎实的"统计或量化"基础,从而可提升对语言现象和规律的认知。

8.2 单语语料导入 Excel 工作簿

1) 提出问题

如何将 95 920 个词(Word 统计结果)的原版《美国版权法》以句子形式导入 Excel 工作簿以实现 Excel 句级框架检索?

在启用 Python 编程之前,计划应用 Word 将原版《美国版权法》按点号"."分割成句子。分割结果发现,如"according to the U.S. Television Household Estimates by Nielsen Media Research for 2004"一类的句子会被分割成两句即"according to the U.S."和"Television Household Estimates by Nielsen Media Research for 2004"。显而易见,这一分割结果会影响到后续检索统计结果的准确性。若以人工方式对此做检查,却要面对近十万词的内容,而且仅凭双眼是不可能完全掌握整个文本结构的,运用这一方法显然会顾此失彼,得不偿失。

原文格式如下:

```
The American Copyright Act

Chapter 1 Subject Matter and Scope of Copyright
§ 101 Definitions
Except as otherwise provided in this title, as used in this title, the following
terms and their variant forms mean the following:
An "anonymous work" is a work on the copies or phonorecords of which no
natural person is identified as author.
An "architectural work" is the design of a building as embodied in any
tangible medium of expression, including a building, architectural plans, or
drawings. The work includes the overall form as well as the arrangement and
composition of spaces and elements in the design, but does not include
individual standard features.
"Audiovisual works" are works that consist of a series of related images which
are intrinsically intended to be shown by the use of machines or devices such as
projectors, viewers, or electronic equipment, together with accompanying sounds,
```

```
if any, regardless of the nature of the material objects, such as films or
tapes, in which the works are embodied.
The "Berne Convention" is the Convention for the Protection of Literary and
Artistic Works, signed at Berne, Switzerland, on September 9, 1886, and all
acts, protocols, and revisions thereto.
The terms "WTO Agreement" and "WTO member country" have the meanings given
those terms in paragraphs (9) and (10), respectively, of section 2 of the
Uruguay Round Agreements Act.

§ 102 Subject matter of copyright: In general
(a) Copyright protection subsists, in accordance with this title, in original
works of authorship fixed in any tangible medium of expression, now known or
later developed, from which they can be perceived, reproduced, or otherwise
communicated, either directly or with the aid of a machine or device. Works of
authorship include the following categories:
```

2) 解决方法

NLTK 模块有 sent_tokenize( ) 函数可用于将语篇分割成句子单位,之后直接将其导入 Excel 工作簿。具体代码如下:

```
import nltk
from nltk.corpus import PlaintextCorpusReader
corpus_root = r"D:\python test\10_intellectual property"
corpora = PlaintextCorpusReader(corpus_root,
                           ['American Copyright Act_eng.txt'])
text = corpora.raw('American Copyright Act_eng.txt')


seg_text = nltk.sent_tokenize(text)


import xlsxwriter
workbook = xlsxwriter.Workbook(r'D:\11121.xlsx')
sheet = workbook.add_worksheet()
a = 0
b = 0
for line in seg_text:
    sheet.write(a, b, line)
    a = a + 1
workbook.close()
```

函数 sent_tokenize( ) 的分割结果能够很好地解决运用 Word 所需面对的问题,而且绝大多数的分割单位都是正确,例如空行句自动清除等。但也出现了新问题,即不含有点号的句子或段落单位均被分割进入下一个含有点号的句子之中,且出现在一个单元格内。如下述分割结果所示,凡是有点号的句子均分割正确。因此,整体分割结果并不能满足要求。

```
The American Copyright Act

Chapter 1 Subject Matter and Scope of Copyright
§ 101 Definitions
Except as otherwise provided in this title, as used in this title, the following
terms and their variant forms mean the following:
An "anonymous work" is a work on the copies or phonorecords of which no natural
person is identified as author.
```

3)算法设计

第一步:读取语料文本。为何不使用 corpora.words()而是 corpora.raw()呢?因为前者读取文本后进行分词处理,无法满足后续将句子导入 Excel 的要求。又为何不使用读取 docx 的方法呢?以此方式读取文本后,未能将标题等不含点号"."的段落进行正确分句处理。

第二步:对文本进行第一次分句处理,意在清除正文内部的绝大多数空行,然后合并成字符串。

第三步:在体例方面做些降噪处理后进行第二次分句处理。

第四步:导入 Excel 工作簿。

4)求最佳解决方案

```
In [31]: import nltk
    ...: from nltk.corpus import PlaintextCorpusReader
    ...: corpus_root = r"D:\python test\10_intellectual property"
    ...: corpora = PlaintextCorpusReader(corpus_root,
    ...:                       ['American Copyright Act_eng1.txt'])
    ...: t2 = corpora.raw('American Copyright Act_eng1.txt')

In [32]: t2
Out[32]: u'The American Copyright Act\r\n\r\nChapter 1 Subject Matter and Scope of Copyright\r\n\xa7
101 Definitions\r\nExcept as otherwise provided in this title, as used in this title, the following
terms and their variant forms mean the following:\r\nAn \u201canonymous work\u201d is a work on the
copies or phonorecords of which no natural person is identified as author.\r\nAn \u201carchitectural
work\u201d is the design of a building as embodied in any tangible medium of expression, including a
building, architectural plans, or drawings. The work includes the overall form as well as the
arrangement and composition of spaces and elements in the design, but does not include individual
standard features.\r\n\u201cAudiovisual works\u201d are works that consist of a series of related
images which are intrinsically intended to be shown by the use of machines or devices such as
projectors, viewers, or electronic equipment, together with accompanying sounds, if any, regardless
of the nature of the material objects, such as films or tapes, in which the works are embodied.\r
\nThe \u201cBerne Convention\u201d is the Convention for the Protection of Literary and Artistic
Works, signed at Berne, Switzerland, on September 9, 1886, and all acts, protocols, and revisions
thereto.\r\nThe terms \u201cWTO Agreement\u201d and \u201cWTO member country\u201d have the meanings
given those terms in paragraphs (9) and (10), respectively, of section 2 of the Uruguay Round
Agreements Act.\r\n\r\n\xa7 102 Subject matter of copyright: In general\r\n(a) Copyright protection
subsists, in accordance with this title, in original works of authorship fixed in any tangible medium
of expression, now known or later developed, from which they can be perceived, reproduced, or
otherwise communicated, either directly or with the aid of a machine or device. Works of authorship
include the following categories:'
```

分析上述《美国版权法》文本的读取结果后发现，原文每个段落后均出现符号"\r\n"，其中的"\r"表示回车符，"\n"表示换行符。那么，是否可以利用这一符号来助力于 sent_tokenize() 函数的分句处理呢？答案是肯定的，即利用这两个符号将其替换为点号"."后再用于 sent_tokenize() 函数的分句。这一步的流程是先将"\r\n"替换为"."，然后把两个点号替换为一个点号。经过下述代码可将"\r\n"替换为点号"."，结果如下 Out[30]所示，出现三种点号组合情形，即"\r\n\r\n"替换为". ."（两个点号之间留有一空格），".\r\n"替换为".."（两个点号之间无空格），".\r\n\r\n"替换为".. ."（前两个点号之间无空格，后两个点号之间留有一空格）。

```
if '\r\n' in t2:
    t2 = t2.replace('\r\n', '. ')
else:
    t2 = t2

In [30]: t2
Out[30]: u'The American Copyright Act. . Chapter 1 Subject Matter and Scope of Copyright. \xa7 101
Definitions. Except as otherwise provided in this title, as used in this title, the following terms
and their variant forms mean the following:. An \u201canonymous work\u201d is a work on the copies or
phonorecords of which no natural person is identified as author.. An \u201carchitectural work\u201d
is the design of a building as embodied in any tangible medium of expression, including a building,
architectural plans, or drawings. The work includes the overall form as well as the arrangement and
composition of spaces and elements in the design, but does not include individual standard features..
\u201cAudiovisual works\u201d are works that consist of a series of related images which are
intrinsically intended to be shown by the use of machines or devices such as projectors, viewers, or
electronic equipment, together with accompanying sounds, if any, regardless of the nature of the
material objects, such as films or tapes, in which the works are embodied.. The \u201cBerne
Convention\u201d is the Convention for the Protection of Literary and Artistic Works, signed at
Berne, Switzerland, on September 9, 1886, and all acts, protocols, and revisions thereto.. The terms
\u201cWTO Agreement\u201d and \u201cWTO member country\u201d have the meanings given those terms in
paragraphs (9) and (10), respectively, of section 2 of the Uruguay Round Agreements Act.. . \xa7 102
Subject matter of copyright: In general. (a) Copyright protection subsists, in accordance with this
```

若要把上述三种情形均替换为一个点号"."，则需要三段类似的替换代码即 replace('. .', '.')、replace('..', '.')和 replace('.. .', '.')，这样的代码安排显然不是最好的。为使代码更为简练且自动实现清除空行的效果，可采取两次分句处理的方式，即第一次执行下述代码分句后再合并成字符串，这样就可以清除正文内的几乎所有空行（除了标题下方的空行外）。

```
seg_t1 = nltk.sent_tokenize(t1)
t2 = " ".join(seg_t1)

In [36]: t2
Out[36]: u'The American Copyright Act\r\n\r\nChapter 1 Subject Matter and Scope of Copyright\r\n\n\xa7
101 Definitions\r\nExcept as otherwise provided in this title, as used in this title, the following
terms and their variant forms mean the following:\r\nAn \u201canonymous work\u201d is a work on the
copies or phonorecords of which no natural person is identified as author. An \u201carchitectural
work\u201d is the design of a building as embodied in any tangible medium of expression, including a
building, architectural plans, or drawings. The work includes the overall form as well as the
arrangement and composition of spaces and elements in the design, but does not include individual
standard features. \u201cAudiovisual works\u201d are works that consist of a series of related images
which are intrinsically intended to be shown by the use of machines or devices such as projectors,
```

```
viewers, or electronic equipment, together with accompanying sounds, if any, regardless of the nature
of the material objects, such as films or tapes, in which the works are embodied. The \u201cBerne
Convention\u201d is the Convention for the Protection of Literary and Artistic Works, signed at
Berne, Switzerland, on September 9, 1886, and all acts, protocols, and revisions thereto. The terms
\u201cWTO Agreement\u201d and \u201cWTO member country\u201d have the meanings given those terms in
paragraphs (9) and (10), respectively, of section 2 of the Uruguay Round Agreements Act. \xa7 102
Subject matter of copyright: In general\r\n(a) Copyright protection subsists, in accordance with this
title, in original works of authorship fixed in any tangible medium of expression, now known or later
developed, from which they can be perceived, reproduced, or otherwise communicated, either directly
or with the aid of a machine or device. Works of authorship include the following categories:'
```

第二次分句处理是在执行"\r\n\r\n"替换为". ."以及". ."替换为"."代码后进行。之后可直接导入 Excel 工作簿。其实，这一替换操作仅执行一次，因为是正文标题之故。

以下为四个函数模块组合而成的代码：

```python
import nltk
from nltk.corpus import PlaintextCorpusReader
def upload_text(root, name):
    corpora = PlaintextCorpusReader(root, [name])
    step1 = corpora.raw(corpora.fileids())
    return step1


def sent_tokenize1(text):
    seg_t1 = nltk.sent_tokenize(text)
    step2 = " ".join(seg_t1)
    return step2


def sent_tokenize2(text):
    if '\r\n' in text:
        text = text.replace('\r\n', '. ')
    else:
        text = text
    if '. .' in text:
        text = text.replace('. .', '.')
    else:
        text = text
    step3 = nltk.sent_tokenize(text)
    return step3
```

```
import xlsxwriter
def term_output(name, data)：
    workbook = xlsxwriter.Workbook(name)
    sheet = workbook.add_worksheet()
    a = 0
    b = 0
    for w in data：
        sheet.write(a, b, w)
        a = a + 1
    workbook.close()


if __name__ == '__main__'：
    corpora = r'D:\python test\10_intellectual property'
    inputfile = 'American Copyright Act_eng.txt'
    output = r'D:\sentences.xlsx'
    step1 = upload_text(corpora, inputfile)
    step2 = sent_tokenize1(step1)
    step3 = sent_tokenize2(step2)
    step4 = term_output(output, step3)
```

5）问题思考

第一，需要使用 Word 对文本做何种程度的降噪工作，才可以使代码更为有效？由于文本内的体例格式越多，所需对此进行处理的代码就越多，因此对文本做些必要的降噪处理是必不可少的，而 Word 的"清除格式"或"正文"等功能正好符合这一要求。这几种降噪功能容易操作，不会对文本内容产生不利影响。

第二，若存在其他格式如制表符"\t"，则须更替代码，因为代表制表符的符号"\t"不同于上述代码中的符号。存在其他未知格式时，可通过下述代码查找与具体格式相对应的符号。执行代码中的变量 t1 即可见文本读取后的结果。

```
import nltk
from nltk.corpus import PlaintextCorpusReader
corpus_root = r"D:\python test\10_intellectual property"
corpora = PlaintextCorpusReader(corpus_root,
                                ['American Copyright Act_eng2.txt'])
t1 = corpora.raw('American Copyright Act_eng2.txt')
```

第三，将"\r\n"替换为"."，会导致其他一些标点符号如冒号、引号等与点号组合。若将其去除，则须增加代码如"：."替换为"."等。本案例未就此设置代码，因其不影响最后的语料库检索统计结果。

第四，这是一个 Word、Python 和 Excel 三款软件组合应用的案例，其特殊性在于充分利用每一款软件的最佳相关功能为语料检索统计做准备。语料库有单双语之分，无论是哪一种，当语料库库容规模在某一限度之内时，将 Excel 作为语料库检索统计软件之用是一个不错的选择。针对特定领域文本的封闭语料库或者是应用于个体 CAT 翻译实践的句对库，Excel 的检索统计效果不亚于语料库工具或记忆库检索工具。从 2007 版开始，Excel 能够处理的最大行数为 1 048 576，2016 版的 Excel 则多达 131 072 行。从这些行数数字看，再加上语料库统计结果显示每个句对平均字词数为 54 个，也就是说，可使用 Excel 检索统计的双语平行语料库其库容可高达 700 多万字词。这对特定文本或个体 CAT 的语料库应用来说，库容已经足够。为某一项任务而需要利用多款软件的最佳相关功能时，务必明确不同软件功能之间的可衔接性，其表现在两个方面：一是不同软件对数据的处理是否会对数据内容产生不利影响，二是数据格式是否可以实现平稳过渡。

语料库有单双语之分。双语语料库的制作得益于 CAT 工具的发展，有许多对齐软件可供选择。对齐后的 tmx 格式文本非常容易导入 Excel 工作簿，降噪处理后即可用于数据的检索统计。而单语语料库与此有所不同，故设置本案例，以求实现最佳的解决方案。

8.3　KWIC 检索功能的拓展

1）提出问题

如何在文本中实现关键词组的检索？

一般的语料库检索工具除了具备按单个关键词检索的功能外，还可按词组检索，即按特定搭配进行检索。本案例试图实现这项功能。

本案例所用文本与 8.2 节的相同，即原版《美国版权法》。

2）解决方法

初步的解决方法可参见 3.6.1 节"上下文关键词检索"，但检索结果显示仅能实现一个单词的上下文关键词检索。其原因在于 corpora.words()，即在读取文本后进行分词处理，关键词检索是在链表内实现的，故无法进行多个单词组合而成的关键词组检索。另外，使用 corpora.sents( )进行分句处理后也无法进行词组检索。

3）算法设计

第一步：读取文本并进行格式转换，该过程由两个函数组成。

第二步：对文本先做分句处理，再做分词处理，注意是在分句处理后做分词处理。

第三步：通过检索计算出含有指定词组的句子数量。

第四步：提取出相关句子。

第五步：按一定格式输出相关的句子。

4）求最佳解决方案

（本案例代码由上海交通大学外国语学院 2016 级 MTI 学生王天奇提供）

本案例试图按照句子单位提取含有指定词组的句子，而且正文内的英文句子均以标点符号结束，故可借此进行分句处理。但正文内的标题却不含标点符号，需先行处理方可进行分句。下述两个自定义函数构成了一个模块即在读取文本后再行格式转换，而格式转换函数 replace_newLine(text)由读取函数 upload_corpus(root, name)调用。其中还需进行文本编码解码处理。通过这两个函数的处理即可输出本案例所需的字符串文本。

```
def replace_newLine(text):
    if '\n' in text:
        text = text.replace('\n', '')
    else:
        text = text
    if '\r' in text:
        text = text.replace('\r', '. ')
        if '..' in text:
            text = text.replace('..', '.')
        else:
            text = text
    else:
        text = text
    return text


import nltk
```

```
from nltk.corpus import PlaintextCorpusReader
def upload_corpus(root, name):
    corpora = PlaintextCorpusReader(root, [name])
    rawText = corpora.raw(name)
    strText = rawText.encode('unicode-escape').decode('string_
    escape')
    step1 = replace_newLine(strText)
    return step1
```

下述自定义函数 text_tokenize(text)可输出两个结果:一是经由分句处理的文本,用于后续提取相关句子;二是再行分词处理的文本,用于后续检索相关词组。

```
def text_tokenize(text):
    text_unicode = text.encode('string_escape').decode('unicode-
    escape')
    step2 = nltk.sent_tokenize(text_unicode)
    word_text = [nltk.word_tokenize(sent) for sent in step2]
    step3 = [[word.lower() for word in sent] for sent in word_text]
    return step2, step3
```

下述模块由两个自定义函数构成,用于按指定词组检索相关句子。第一个函数 n_gram(text, n)可得出含有指定词组的句子,且是通过第二个函数 search_sent(keyPhrase, text)调用。后者需要输入指定词组和上述经分词处理的文本,并输出相关句子的索引。其中指定词组须经过转小写和分词处理再用于检索句子。

```
def n_gram(text, n):
    n_gram_sent = []
    for i in range(len(text)):
        n_gram_list = []
        for j in range(len(text[i]) - n + 1):
            n_gram_list = n_gram_list + [text[i][j: (j+n)]]
        n_gram_sent = n_gram_sent + [n_gram_list]
    return n_gram_sent

def search_sent(keyPhrase, text):
```

```
    sent_index_list = []
    keyPhrase_tokenize = nltk.word_tokenize(keyPhrase.lower())
    text_n_gram = n_gram(text, len(keyPhrase_tokenize))
    for i in range(len(text_n_gram)):
        if keyPhrase_tokenize in text_n_gram[i]:
            sent_index_list = sent_index_list + [i]
            step4 = sent_index_list
    return step4
```

下述自定义函数需要输入经由分句处理的文本和索引两个参数,输出的是包含有指定词组的句子。

```
def get_sent(sent, index):
    sent_list = []
    for i in range(len(index)):
        sent_list = sent_list + [str(sent[index[i]])[:-1]]
        step5 = sent_list
    return step5
```

下述代码系按照一定格式输出相关句子的自定义函数和执行代码。

```
def data_output(name, keyPhrase, data):
    f = open(name, 'w')
    f.write('= = = = = = = = = = = = = = = = = = = = = = = = =')
    f.write('\n')
    f.write(' Result: ' + '' + str(len(data)) + ';  ' + 'Key phrase'
            + ': ' + keyPhrase.upper())
    f.write('\n')
    f.write('= = = = = = = = = = = = = = = = = = = = = = = = =')
    f.write('\n')
    for i in range(len(data)):
        f.write('[' + str(i+1) + ']' + '' + data[i])
        f.write('\n')
        f.write('- - - - - - - - - - - - - - - - - -')
        f.write('\n')
    f.close()
```

```
if __name__ == '__main__':
    corpus_root = r'D:\python test\10_intellectual property'
    file_name = 'American Copyright Act_eng.txt'
    result_name = r'D:\KWIC - collocation result.txt'
    step1 = upload_corpus(corpus_root, file_name)
    step2, step3 = text_tokenize(step1)
    key_phrase = input("Enter the key phrase:")
    step4 = search_sent(key_phrase, step3)
    step5 = get_sent(step2, step4)
    data_output(result_name, key_phrase, step5)
    print 'Please go to D:'
```

5) 问题思考

第一,所读取文本的体例格式在格式转换环节涉及代码本身,故建议文本格式采用顶格形式,以避免其他体例格式所致的代码问题。本案例的体例格式可与 8.3 节进行对比。

第二,本案例尚未解决的问题有二:一是未按指定词组对齐方式对齐所有句子;二是未对指定词组做特定标识。

8.4 语篇词形还原

1) 提出问题

如何将一个语篇内的所有名词、动词、形容词和副词都还原成原形?

词形还原可用于词频排序或词组提取时将一个单词的不同形式归为一个原形,如英语名词的复数形式、动词的时态变形、形容词或副词的比较级等。

本案例所用文本是 3.5 节"语料库词频排序"用于词频排序的文本。3.5 节仅对文本做了三次降噪处理,即保留字母符号、大写转小写、清除停用词,本案例将在 3.5.3 节"清除停用词后排序"所呈现的排序基础上,清除其部分名词和动词的非原形,然后排序。

2) 解决方法

最原始的解决方法可参见 3.4.2 节"词形还原",但这一方法在未标注词性时仅能还原名词,还原动词、形容词或副词时还须标明词性。这一方法若未借助其他手段,其用处似乎就是把两个仅具有单复数差别的名词性词组归为一个。既然其他词性的单词需要在标明词性后方可还原词形,那么对其进行精确的词性标注将是解决问题的关键。

3)算法设计

第一步:对读取的文本做降噪处理,并得到标准化文本。

第二步:使用 pos_tag( )进行词性标注并转换为词形还原 WordNetLemmatizer()所需的词性标记。

第三步:词形还原。

第四步:使用 FreqDist()创建频率分布并显示排序结果。

4)求最佳解决方案

本案例考虑在一个自定义的词形还原模块内实现读取文本、降噪处理和词形还原三个功能,前两者的自定义模块从属于该模块。故从严格意义上说,本案例的代码步骤仅为两步,即第一步的读取文本、降噪处理、词性标注和词形还原,其中的降噪处理和词性标注需另行调用模块;第二步是显示频率分布结果。词性标注和词形还原的代码参照了 Swamynathan(2017:265 - 266)的代码。

```
from nltk.stem import WordNetLemmatizer
wnl = WordNetLemmatizer()
def lemmatizer(text, encoding = "utf - 8"):
    words1 = word_tokenize(text)
    words2 = get_normaltext(words1)
    lemma_words = []
    for w in words2:
        pos = find_pos(w)
        lemma_words.append(wnl.lemmatize(w, pos).encode(encoding))
    step1 = lemma_words
    return step1
```

上述代码中的 words2 = get_normaltext(words1)是为了调用下述模块,强调对文本进行非字母降噪和 NLTK 固有停用词降噪处理。

```
import nltk
from nltk.corpus import stopwords
def get_normaltext(text):
    stop_words = nltk.corpus.stopwords.words('english')
```

```
text1 = [word.lower() for word in text if word.isalpha()]
step1 = [word for word in text1 if word not in stop_words]
return step1
```

代码中的另一个行 pos = find_pos(w)是为了调用下述代码,旨在对文本进行分词处理并即将词性标记转换成 WordNetLemmatizer()的适用标记,即 n 表示名词,v 表示动词,a 表示形容词,r 表示副词。

```
from nltk import word_tokenize
def find_pos(text):
    pos = nltk.pos_tag(word_tokenize(text), tagset = 'universal')[0][1]
    if pos.lower()[0] = = 'j':
        return 'a'
    elif pos.lower()[0] = = 'r':
        return 'r'
    elif pos.lower()[0] = = 'v':
        return 'v'
    else:
        return 'n'
```

经过上述三个模块处理后的文本即为词形还原后的文本,然后可用于下述代码的词频排序处理。

```
from nltk import FreqDist
def get_freqlist(text):
    step2 = FreqDist(text)
    return step2
```

上述代码组合后的执行代码:

```
if __name__ = = '__main__':
    text = """Springer Handbook provides a concise compilation of
    approved key information on methods of research, general principles,
    and functional relationships in physical and applied sciences. The
    world's leading experts in the fields of physics and engineering will
    be assigned by one or several renowned editors to write the chapters
    comprising each volume. The content is selected by these experts
    from Springer sources (books, journals, online content) and other
    systematic and approved recent publications of scientific and
```

technical information. This handbook contains 3 volumes."""
step1 = lemmatizer(text, encoding = "utf‐8")
step2 = get_freqlist(step1)

【运行结果】

```
In [89]: step2                      'method': 1,
Out[89]:                            'one': 1,
FreqDist({'apply': 1,               'online': 1,
          'approve': 2,             'physic': 1,
          'assign': 1,              'physical': 1,
          'book': 1,                'principle': 1,
          'chapter': 1,             'provide': 1,
          'compilation': 1,         'publication': 1,
          'comprise': 1,            'recent': 1,
          'concise': 1,             'relationship': 1,
          'contains': 1,            'renowned': 1,
          'content': 2,             'research': 1,
          'editor': 1,              'science': 1,
          'engineering': 1,         'scientific': 1,
          'expert': 2,              'select': 1,
          'field': 1,               'several': 1,
          'functional': 1,          'source': 1,
          'general': 1,             'springer': 2,
          'handbook': 2,            'systematic': 1,
          'information': 2,         'technical': 1,
          'journal': 1,             'volume': 2,
          'key': 1,                 'world': 1,
          'lead': 1,                'write': 1})
```

5) 问题思考

第一，相比较于 3.5.3 节"清除停用词后排序"的词频排序结果，本案例中的名词单复数形式实现了词形还原的目的，即把 volume 和 volumes 合二为一。但同时也出现了误将 physics 还原为 physic 的错误以及未能实现动词的词形还原如 contains。通过下述代码的测试发现，出现 physics 还原错误的原因与 WordNetLemmatizer() 本身有关，physic 实则为另一词。

```
In [96]: from nltk.stem import WordNetLemmatizer
    ...: wnl = WordNetLemmatizer()

    ...: wnl.lemmatize('physics')
Out[96]: u'physic'

In [97]: wnl.lemmatize('contains', 'v')

In [98]: Out[97]: u'contain'
```

从上述代码看，contains 不能正确还原的原因似乎是词性标注不正确。但通过下述代码的测试发现,contains 的词性标注是正确的即(' contains', ' VBZ')。

```
text1 = nltk.word_tokenize(text)
tag_text = nltk.pos_tag(text1)
print tag_text
```

从上述两个未解的词形还原实例看,WordNetLemmatizer()似乎存在不足,需要寻求更优解。

第二,本案例的词形还原自定义模块内嵌两个其他的自定义模块,这不失为一种因自定义模块过多而使执行代码过于繁琐的解决方法。

第三,可供选择的用于词性标注的工具包有多种,其关键在于如何选择词性标注正确性较高的一种。对比 NLTK 的 pos_tag()和 pattern.en 的 tag()两种词性标注器(见下述代码),从上述文本的词性标注结果来看,后者的标注质量显然更胜一筹。而且后者可对文本直接进行分词和词性标注处理,不像前者那样还需要添加一行分词处理的代码如 word_tokenize()。相较于中文的词性标注,英文词性标注的质量肯定更高,因为英文的语言形式化程度大于中文的,以利于计算机识别。

```
from pattern.en import tag
tagged_text = tag(text)
print tagged_text
```

本案例中的词性标注是在对文本做降噪处理后进行的,就这段文本而言,尚无法确定这降噪处理究竟会对后续的词性标注产生何种影响。但若英文的词性标注需要借助语言形式化的表达,那么降噪处理的影响就必定存在。

8.5 术语提取效果的改进

1)提出问题

如何从专业语篇中提取出最有效的术语?

术语有效性的改进,不仅有助于展开源语文本分析,还将助力于双语术语库的创建以及垂直领域内翻译任务的完成。运用 Python 提取术语时,可将术语理解为 N 连词,提取 N 连词须借助相应的工具包。提取的关键是如何从专业语篇中得到最为全面的、最有效的 N 连词即术语。

本案例所用文本为《中华人民共和国著作权法》英译文。

2）解决方法

最原始的解决方法可参见 3.6.3 节"N 连词提取"的代码一"双连词提取"和代码二"三连词提取"，其代码三"改进三连词提取效果"虽说引入了停用词概念，但其最终的提取效果仍不能令人满意，即存在多词术语的最后一个单词为动词或副词的情形。由于三连词提取工具包是运用文本连续提取的方式提取 N 连词的，故存在不少无效术语。如 3.6.3 节代码三所示，其无法彻底解决术语提取时的动词等问题。为此提出采用增设动词为停用词的方法提取术语的概念，即在对文本进行词性标注后提取出动词并将其视为停用词，然后过滤掉三连词中包含有此类动词停用词的术语。

3）算法设计

第一步：将经过分词处理的文本转为小写并标注词性。

第二步：使用 ngrams()函数提取 N 连词，所用文本为转为小写的文本。

第三步：从经过词性标注的文本中提取出动词，将其转换为停用词格式。

第四步：读取以文件方式保存的停用词。

第五步：加载停用词。

第六步：去除停用词、数字和无效副词后，另存为一个独立文件。

4）求最佳解决方案

以读取语料库的方式（PlaintextCorpusReader()）读取文件夹内的一个文件，然后进行分词（words()）、转为小写（lower()）、词性标注（pos_tag()）三种语言学处理。

```
import nltk
from nltk.corpus import PlaintextCorpusReader
corpus_root = r"D:\python test\10_intellectual property"
corpora = PlaintextCorpusReader(corpus_root, ['Chinese copyright law_chn_eng.txt'])
text1 = corpora.words('Chinese copyright law_chn_eng.txt')
text2 = [word.lower() for word in text1]
tagged_text = nltk.pos_tag(text2)
```

加载 NLTK 的 ngrams 模块，用于提取 N 连词。函数 ngrams()中的第二个参数为数字，表示具体数字的连词，如二连词、三连词等。

```
from nltk import ngrams
grams_n = ngrams([word for word in text2], 3)
grams_n = list(set(grams_n))
```

经词性标注后的动词其词性标示为['VB', 'VBZ', 'VBG', 'MD'],下述代码以此词性标记来提取动词。提取后的动词仍标注有词性,此时先将动词和词性标记转换成字典(dict()),再转换成仅包含动词的链表(list())。

```
verb = [(word, tag) for word, tag in tagged_text if any(pos_tag
            in tag for pos_tag in ['VB', 'VBZ', 'VBG', 'MD'])]
verb1 = list(dict(verb))
```

读取以文件形式保存的其他停用词,如标点符号和专业文本所需的停用词。由于独立文件所保存的停用词是以半角逗号分隔的,故须将其转换成链表(split(','))。

```
f = open(r'D:\python_coding\171101_stopword_list.txt')
f_read = f.read()
f.close()
stopword_list = list(f_read.split(','))
```

所加载的停用词有三类:一是 NLTK 固有停用词,二是作为停用词使用的动词,三是以独立文件保存的其他停用词。

```
from nltk.corpus import stopwords
stop_words = set(stopwords.words('english'))
stop_words.update(verb1)
stop_words.update(stopword_list)
```

下述代码是将提取后的术语另存为一个文件。在另存为文件之前,对所提取的几连词进行去除停用词、去除数字(isdigit())、去除副词(endswith('ly'))三种语言学处理。

```
import codecs
log = codecs.open(r"D:\test112.txt", "w", encoding='utf8')
for g in grams_n:
    if len(set(g) & set(stop_words)) > 0:
        continue
    if not any(w.isdigit() for w in g) == 0:
        continue
    if not any(w.endswith('ly') for w in g):
        log.write(" ".join(g))
        log.write('\r\n')
log.close()
```

运行代码后所提取的三连词如下所示,这是从含有 5 966 个词的《中华人民共和国著作权法》英译文中提取的三连词。除了第一个术语(year compulsory education)外,其他术语均为有效,第一个术语应该是四连词(nine-year compulsory education)才是正确的。

```
test112.txt - 记事本
文件(F)  编辑(E)  格式(O)  查看(V)  帮助(H)
year compulsory education
succeeding legal person
respective administrative areas
advanced socialist culture
right assignment contract
minority nationality language
state educational program
information network dissemination
civil procedure law
```

以下代码为上述代码的自定义函数式组合代码。

```
import nltk
from nltk.corpus import PlaintextCorpusReader
def upload_text(root, name):
    corpora = PlaintextCorpusReader(root, [name])
    text = corpora.words(name)
    step1 = [word.lower() for word in text]
    step2 = nltk.pos_tag(step1)
    return step1, step2


from nltk import ngrams
def get_ngrams(text, n):
    text1 = ngrams([word for word in text], n)
    step3 = list(set(text1))
    return step3


def get_verbstopwords(text):
    verb = [(word, tag) for word, tag in text if any(pos_tag
        in tag for pos_tag in ['VB', 'VBZ', 'VBG', 'MD'])]
    step4 = list(dict(verb))
    return step4
```

```python
def get_filestopwords(text):
    f = open(text, 'r')
    f_read = f.read()
    f.close()
    step5 = list(f_read.split(', '))
    return step5


from nltk.corpus import stopwords
def get_stop_words(list1, list2):
    step6 = set(stopwords.words('english'))
    step6.update(list1)
    step6.update(list2)
    return step6


import codecs
def output(outputfile, data, stoplist):
    log = codecs.open(outputfile, "w", encoding='utf8')
    for g in data:
        if len(set(g) & set(stoplist)) > 0:
            continue
        if not any(w.isdigit() for w in g) == = 0:
            continue
        if not any(w.endswith('ly') for w in g):
            log.write("".join(g))
            log.write('\r\n')
    log.close()


if __name__ == = '__main__':
    corpora = r'D:\python test\10_intellectual property'
    inputfile = 'Chinese copyright law_chn_eng.txt'
    stopwprdsfile = r'D:\python_coding\171101_stopword_list.txt'
    n = 3
    outputfile = r'D:\test222.txt'
```

```
step1，step2 = upload_text(corpora，inputfile)
step3 = get_ngrams(step1，n)
step4 = get_verbstopwords(step2)
step5 = get_filestopwords(stopwprdsfile)
step6 = get_stop_words(step4，step5)
step7 = output(outputfile，step3，step6)
```

5）问题思考

第一，本案例的术语是按照二连词、三连词、四连词、五连词等单独提取的，因此会出现二连词无效但三连词有效的情形如 advanced socialist 和 advanced socialist culture。这两个术语的最后一个词均为名词，即便是设定为提取名词词组，也无法避免此类情况的发生。

第二，本案例代码应用于不同语域的文本时所需要的停用词会有所区别，如法律文本中的"ii""iii""iv""v""vi""vii""viii""ix""xi""xii""xiii""xiv""xv""xvi""xvii""xviii""xix""xx""thereto""thereon""therefor""therefore""thereof""therein""thereby""thereunder""hereafter""thereunder""therewith"等均属于降噪的对象。

第三，词性标注的准确性已在 3.4.4 节"词性标注"有所述及，其对比结果显示，一元标注器的标注准确性最好。显而易见，选择的工具标注准确性越高，术语提取的有效性也越明显。但问题的关键是从何知晓哪一种工具的标注准确性是最好的，更何况对某一类文本具有较好标注准确性的工具并不一定就适合另一类文本的标注。

第四，本案例在设计算法时考虑了从词性标注文本中提取出动词用于几连词（系从未经词性标注的文本中提取）的降噪，而未采用先从经过词性标注的文本中提取出几连词再行降噪的方法，因为后者的所有单词均包含有词性标记，这在运行代码时会降低运行速度。采用前者方法的另一个优点是可减少代码的行数，增强代码的可读性。因此，本案例是一个必须着重考虑算法设计流程的典型案例。

第五，上述去除副词的代码（w.endswith('ly')）适用于提取三连词，但对于四连词或五连词呢？尤其是对于副词修饰动词分词而该分词又修饰名词的情形。

第六，无意中将本段代码用于提取汉英混排文本，结果却是正确的，即可用于提取经分词处理后的汉语，而无需考虑汉语编码问题，同样也无需使用 jieba 分词工具包。当然，若设想用于正常提取汉语文本，则还需对本段代码中的若干部分做些修改。对于德语文本亦是同理。

8.6 语篇段落对齐

1) 提出问题

如何把原文与译文相互对应的两个独立文本合并成一个文本并实现上下英汉或汉英段落对齐？

一般而言，文本对齐多为句对齐或段落对齐。句对齐需要使用相应的对齐工具在人工介入时才能实现有效对齐，因此本案例选定段落对齐，因为在绝大多数情况下原文和译文在段落层面上是一一对应的，除非译文存在明显的省略翻译现象。原文和译文实现上下段落对齐有助双语对照学习和研究，尤其针对段落字词数量相对不是很多的时候，如法律文本等。

本案例以《中华人民共和国著作权法》汉英文本为例。

2) 解决方法

由于在编写本书时未能找到与本案例相对应的代码实例，故借助函数 readlines() 来实现案例目的。在读取文本时，read() 和 readlines() 这两个函数的作用是不同的，read() 是一次性读取一个文本的全文，而 readlines() 是按段落逐段读取全文，因此可利用后者功能一次读取一段原文和一段译文并置于上下位置，然后逐次读取直至全文结束。

3) 算法设计

本案例代码相对简单，不涉及多个步骤问题，仅为通过函数 readlines() 在读取段落后如何叠加两种文本段落的先后顺序问题。

4) 求最佳解决方案

在实际编码过程中，下述代码所示的界面输出结果符合要求，即实现段落对齐，每一个对齐段落之间留有一空行，输出所有段落对齐内容。

```
fc = open(r'D:\python test\17_ENG - CHN_pairs\Chinesecopyrightlaw_chn_1.txt')
fe = open(r'D:\python test\17_ENG - CHN_pairs\Chinesecopyrightlaw_chn_eng_1.txt')
text_c = fc.readlines()
text_e = fe.readlines()
for i in range(len(text_c)):
```

```
    print text_c[i] + text_e[i] + '\n'
```

运行结果：（部分结果）

中华人民共和国著作权法
The copyright law of the People's Republic of China

第一章 总则
Chapter I General Provisions

第一条 为保护文学、艺术和科学作品作者的著作权，以及与著作权有关的权益，鼓励有益于社会主义精神文明、物质文明建设的作品的创作和传播，促进社会主义文化和科学事业的发展与繁荣，根据宪法制定本法。
Article 1 For the purposes of protecting the copyright of authors of literary, artistic and scientific works and their copyright-related rights, encouraging the creation and dissemination of works which facilitate the advanced socialist culture, ideology and material construction and promoting the development and flourish of the socialist culture and science, and in accordance with the Constitution, this Law is formulated.

但把上述代码中的语句 print text_c[i] + text_e[i] + '\n'修改如下时输出文件却仅包含最后一个对齐段落的内容。

```
fc = open(r'D:\python test\17_ENG‒CHN_pairs\Chinesecopyrightlaw_chn.txt')

fe = open(r'D:\python test\17_ENG‒CHN_pairs\Chinesecopyrightlaw_chn_eng.txt')

text_c = fc.readlines()
text_e = fe.readlines()
ccc = ''
for i in range(len(text_c)):
    ccc = text_c[i] + text_e[i] + '\n'
f = open(r"D:\align_f.txt","w")
f.write(ccc)
f.close()
```

究其原因，可能是遍历语句在英汉段落叠加之后仅把变量 ccc 计数为最后一个对齐段落之故。故将上述代码中的 ccc = text_c[i] + text_e[i] + '\n'修改为 ccc + = text_c[i] + text_e[i] + '\n'，表示逐段叠加对齐代码（ + = ）。其结果显示全部输出所需要的段落对齐结果。另外，将 ccc + = text_c[i] + text_e[i] + '\n'语句中的 text_c[i]和 text_e[i]相互替换，可输出英汉对照或汉英对照的结果。

5) 问题思考

第一，本案例显示，相同代码其界面输出结果与文件输出结果却互不相同,这是本书至此为止第一次遇见运行代码相同但输出结果不同的情形。上文表明的差异性仅在于等号"="之前的加号"+"。

第二,在输出运行结果中发现最后一个对齐段落的对齐显示效果与其他的对齐段落不一样,即其他所有段落均为上下两段对齐,而最后一个对齐段落却是如下(原文和译文首尾相接):

> Collective organizations of copyright administration shall be non-commercial organizations. The form of their establishment, their powers and duties, their collection and distribution of copyright licensing fees as well as the supervision and control over them shall be prescribed by the State Council separately.著作权集体管理组织是非营利性组织,其设立方式、权利义务、著作权许可使用费的收取和分配,以及对其监督和管理等由国务院另行规定。

经多次对比后发现,两个原文本中最后一段文字之后不留出一空行则会导致出现上述结果。经上述分析可以确定,制作语料库文本时,最佳的语料文本保存格式为:一是每一段均为顶格,二是在最后一段文字之后留出一空行,三是段落与段落之间不留空行。

8.7 应用语言学文献计量研究的数据提取

1)提出问题

如何实现 Python 与语料库工具的组合应用,以提取应用语言学文献计量研究中的文本特征?

根据雷蕾和刘迪麟(Lei & Liu,2018)的研究,其在数据检索与分析环节针对提取最常用术语(most frequent terms)的工具组合使用情况有如下描述:

(1) All abstracts of the downloaded bibliometric data were extracted by a home-made Python script (a programming language);

(2) The abstracts were lemmatized with Schmid's (1995) TreeTagger, a tool package that annotates texts with part-of-speech and lemma information;

(3) The lemmatized abstracts were submitted to AntConc to extract n-grams of up to five words in length for the 12 examined years and the three 4-

year periods; monograms (all nouns) were also extracted from the part-of-speech tagged and lemmatized texts. The reason for extracting only noun monograms is that individual adjectives, adverbs, and verbs do not constitute research topics.

(4) N-grams that contain pronouns, modals, and many other functional words were automatically filtered out by using stop-words because research topics are phrases that do not contain these functional words. However, articles and prepositions were not excluded because there are some research topic phrases that involve articles and/or prepositions, such as *English as a foreign language* and *focus on form*.

在上述四个步骤中,(1)采用 Python 编程手段;(2)采用 TreeTagger 工具;(3)和(4)均采用单语语料库处理工具 AntConc 来提取 N-grams,同时配以一定量的停用词用于去除无效术语。从工具组合使用角度看,三种工具的组合使用不愧是发挥了不同工具各自的最佳功能,而从(2)至(3)过程中并未涉及数据本身的语言学处理问题,(3)仅仅是调用(2)所产生的数据,因此数据的衔接性和可比性不受工具组合使用的影响。这也是组合使用任何工具时必须关注的一个问题。

(3)特别强调了单个词的名词(noun monograms)提取,即不包括形容词、副词和动词在内。又如雷蕾和刘迪麟论文所示,所提取的对象(samples of most frequently explored topics)可以说都是名词词组,仅仅是 Corpus-based (study)有些例外,但若去除 study 的括号,也可视其为名词词组。因此该论文所研究的对象均为名词词组,而且名词词组内未见出现介词等。但是为了研究的科学性,在提取 N-grams 时并不可以仅仅提取名词词组,这也导致了后续需要不少工作量去手动处理提取对象,如对 critical discourse of, more likely than, analysis of 等的处理。当然,处理无应用语言学意义的词组如 significant difference 和 study 等之时,必须进行人工处理。其实,这里提出了一个有关 N-grams 提取效率和质量的问题。

2) 解决方法

本案例计划以 Python 替代 AntConc 来提取 N-grams,所用代码可见 8.5 节"术语提取效果的改进",这里的一个关键是若将所提取的词组最后一个单词设定为名词,则不会出现诸如 critical discourse of 和 more likely than 之类的词组。由于读取的文本对象仅为摘要部分,故须进行必要的设定。参照 8.4 节"语篇词形还原"对所读取的文本进行词形还原处理,其词性标注 pos_tag()部分与雷蕾和刘迪麟(同上)所用的 TreeTagger 工具包相同,均为基于宾州树库进行词性标注。但词形还原部分有所不同,8.4 节所用的是 WordNetLemmatizer(),而雷蕾和刘迪麟(同上)所用的均为 TreeTagger 工具包。

3) 算法设计

本案例算法设计将按大类步骤区分,即一个应用功能对应一类算法,因此本案例需要实现三个功能即读取文本部分内容、词性标注和词性还原、提取 N-grams。

第一步:读取指定的文本内容,并将所读取的内容转存为一个 txt 文件。

第二步:对 txt 文件进行词形还原,其对应 8.4 节"语篇词形还原"的四个步骤算法设计。

第三步:提取所需的 N-grams,其对应 8.5 节"术语提取效果的改进"的六个步骤算法设计。

4) 求最佳解决方案

由于雷蕾和刘迪麟(同上)未交待所读取的文本格式,在此定义文本为语料库常用的 txt 格式,即从牛津出版社的 *Applied Linguistics* 下载 pdf 文本,另存为 txt 格式。通常情况下一种期刊的论文体例是统一的,故假定其 txt 文本的摘要部分均处在第六段位置处(若摘要开始处含有 Abstracts,则可以 p.startswith('Abstracts')方法提取)。下述为读取多个文本中指定位置内容的代码(参照网页 http://blog.csdn.net/LZGS_4/article/details/50371030 下读取多个文本的代码[2018 - 03 - 17]),在提取论文摘要后将其另存为一个文件(每个摘要为一段落,顶格保存),以供后续词性标注和词形还原之用。

```
import os
corpus_root = r'D:\python test\18_articleExtract'
files = os.listdir(corpus_root)
abstracts = []
for file in files:
    f = open(corpus_root + "/" + file)
    text = f.readlines()
    abstract_1 = text[6]
    iter_f = iter(abstract_1)
    str = ""
    for l in iter_f:
        str = str + l
```

```
        abstracts.append(str)
text1 = "".join(abstracts)
abstract_f = open(r"D:\zzzz7.txt", "w")
abstract_f.write(text1)
abstract_f.close()
```

词性标注和词形还原代码略(见 8.4 节"语篇词形还原")。

词组提取代码略(见 8.5 节"术语提取效果的改进")。

5) 问题思考

第一,工具的组合使用的确是一个很好的方法,这样能够发挥不同工具的最佳功能或者是使用者最为熟知的功能,从而能够更便捷地获取研究所需的数据信息。这里需要说明的是,在组合使用不同工具之前务必要了解不同工具对原始文本数据的处理情况。如数据的计数问题,不同的软件工具对原始文本的计数是有差别的,若这一点无法实现统一,其所得结果则不能进行有效对比。

第二,Python 编程工具的优点在于其数据处理的前后一致性以及可实现的功能远远多于既有的语料库工具,因为后者一旦定型,其功能便是受限的。拿 AntConc 与 Python 编程工具相比,这一点更是显而易见。假如说,明知雷蕾和刘迪麟(Lei & Liu,2018)的词组提取结果均为名词(当然,这是他们在处理数据后得出的结论),那么使用 Python 编程工具则可设定所提取词组的最后一个单词为名词,这样就可以极大地减少人工处理提取词组的工作量,可有效改进提取质量。

8.8　专业通用词的提取路径探索

(本案例由上海交通大学外国语学院 2016 级 MTI 学生王天奇提供)

1) 提出问题

在专业领域的语料中有这样一类词汇,其本身属于通用词汇,但其含义与日常普通含义有所区别。在法律领域,李克兴和张兴红(2006)将该类词汇称为"具有普通词形态而无普通词意义的法律词汇";在旅游领域,谭卫国和蔡龙权(2008)将该类词汇称为"普通专门词汇"。管新潮和陶友兰(2017)在此基础上加以总结,将该类词汇统称为专业通用词(General words for specific purposes — GWSP),同时根据实践经验,提出了判别专业通用词的依据:

① 所选词汇尽可能控制在大学英语四、六级词汇范围之内,② 按照词汇普通意义较难理解或难以理解,③ 搭配较为活跃,④ 具备一个双语平行语料库(库容至少为 200 万字词)。

根据非文学文本的语篇特征,可以将待翻译文本内容分为术语、专业通用词和基础词汇。其中,术语部分可以借助计算机辅助术语提取系统来获得标准化翻译,而基础词汇是译者从事翻译活动所必不可少的条件,介于术语和基础词汇之间的专业通用词能否准确翻译直接决定了翻译的质量(管新潮、陶友兰,2017)。专业通用词在跨领域语言服务中所起的作用不言而喻,这一翻译现象已被华为公司无线电领域的翻译实践所证实(管新潮,2017)。

目前,专业通用词主要依靠人工提取。首先,采用 WordSmith 工具对英汉双语平行语料库的英文语料部分按词频进行排序,选取大学英语四、六级范围内的高词频词汇;其次,通过 ParaConc、TRADOS、TMX Editor 等双语平行语料检索工具对高词频词汇进行搭配语境分析。由于第二个步骤属于定性的分析,因此要求分析人员具备较高的语言素养和丰富的翻译经验,同时还要熟悉语料内容。这一方法在专业通用词识别的精准度上具有明显的优势,但依靠人工提取势必会使其在效率上有所欠缺。对于缺乏某一垂直领域翻译经验的工作者来说,依靠这一方法提取专业通用词是不小的挑战。

为了解决上述问题,提出一套专业通用词的自动提取算法,基于 Google 发布的神经网络机器学习算法模型 word2vec,将其训练完成后的副产物——模型参数作为词汇的向量化表示,然后执行语义相似度计算任务,计算结果最终用于专业通用词的提取。

2) 理论基础

(1) word2vec 理论概述。word2vec 是 Google 于 2013 年提出的将词表征为实数值向量的一种算法模型,其简单、高效的特点引起了工业界和学术界的关注。word2vec 模型通过神经网络机器学习算法来训练 N-gram 语言模型,并在训练过程中将词语转化为词向量嵌入到向量空间里,这种嵌入方式称为词嵌入(word embedding)。词嵌入的目的是通过向量空间中的距离来表示文本语义上的相似度,可用于完成自然语言处理中的诸多任务。

(2) word2vec 的训练任务。word2vec 通过机器学习的方法来训练 N-gram 语言模型,这其中包括两项任务:① 使用一个词汇的上下文来预测该词汇生成的概率,② 使用词汇本身来预测生成该词汇上下文的概率。例如,有这样一句话:The cat jumped over the puddle。任务①使用"The""cat""over""the""puddle"来预测"jumped"生成的概率,而任务②则使用"jumped"来推测其上下文"The""cat""over""the""puddle"。上述两个任务分别对应两个模型：CBOW（continuous bag-of-words model）和 Skip-gram 模型。word2vec 的训练目标是提高上述任务的准确率。

（3）word2vec 的训练流程和副产物。CBOW 和 Skip-gram 模型的结构如图 8.1 所示。CBOW 和 Skip-gram 模型均为三层神经网络结构，即由"输入层-映射层-输出层"组成。以 CBOW 为例，假设窗口为 n，输入层为某词语周围 n－1 个词语的词向量，以 one－hot 形式表示。从输入层到映射层仅需将 n－1 个词向量相加，而从映射层到输出层则需沿着 Huffman 树进行一系列 logistic 分类，在此过程中不断修正各中间向量和词向量。

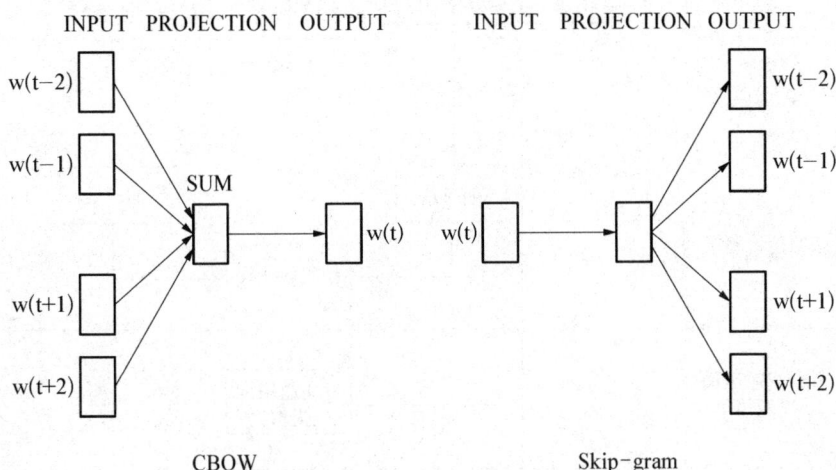

图 8.1　CBOW 和 Skip-gram 模型

one-hot representation 是用一个很长的向量来表示一个词，向量长度为词典的大小，向量的分量除该词在词典中对应的位置为 1 外，其他分量全部为 0。采用这种稀疏的方式来表示词向量虽然在形式上非常简洁，但在用于深度学习算法时面临维数灾难，并且不能很好地刻画词与词之间的相似性。而在训练过程中，word2vec 将词语从 one-hot representation 降维到 distributed representation 形式。因此，经过训练后的每一个词表示为映射在向量空间里的、长度固定的短向量，每一向量均为该空间中的一点，词与词之间的相似性即可通过点与点之间的距离来表示（Mikolov *et al.*，2013）。

word2vec 算法模型对专业通用词提取算法的最大贡献在于其副产物——模型参数，因为它可以将词汇向量化，使我们能够以定量的方法来度量词与词之间的关系，捕捉语义信息，从而将属于通用词汇，但含义与日常普通含义有所区别的词汇挖掘出来。

3）算法设计

专业通用词提取算法由语料加载与预处理、候选词筛选、词向量生成与相似度计算、专业通用词提取以及分析与评价这五大模块构成，算法框架如图8.2所示。

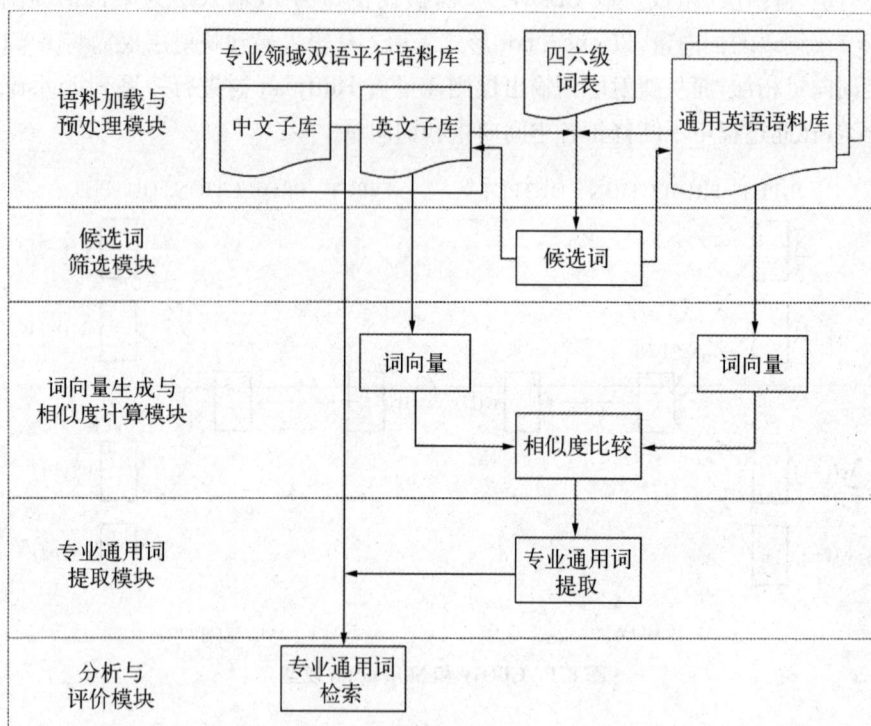

图 8.2　专业通用词提取算法框架

（1）语料加载与预处理模块。语料加载与预处理模块用于读取待处理语料，并通过 Python 自然语言处理工具包 nltk 对读入语料进行小写化、去除停用词和标点符号等预处理操作。

需要加载的语料库包括专业领域双语平行语料库、通用英语语料库和四六级词表三个部分。专业领域双语平行语料库收录某一垂直领域的原文和译文，借助 ABBYY Aligner 等软件实现句子层面的对齐，并将 tmx 格式的文档转换为 XML 格式。XML 格式的文档通过 Python 的 lxml 库进行解析，后期既可以调取单语，也可以调取双语句对。通用英语语料库收录的文本不局限于某一专业领域，所使用的词汇尽可能为具有普通形态且词义为日常普通含义的词汇,目前最为理想的语料是大学英语四、六级考试中的篇章(收录 1989 年 6 月~2017 年 6 月大学英语四、六级阅读和听力部分的全部篇章)。四、六级词表收录了四、六级大纲所要求掌握的全部词汇(共计 6 000 个)。

需要注意的是,专业领域双语平行语料库和通用英语语料库的库容和语料质量直接决定了机器学习和文本相似度计算的效果。

(2) 候选词筛选模块。候选词筛选模块用于提取专业领域双语平行语料库英文子库和通用英语语料库中所共同出现的,且在四、六级词表范围内的、词频在五次及以上的词语。

(3) 词向量生成与相似度计算模块。词向量生成与相似度计算模块是专业通用词提取算法的核心部分,主要应用了本文第二部分所阐述的神经网络机器学习算法模型 word2vec。Python 的 gensim 工具包为词语向量化提供了接口,因此在这一模块中,程序首先调用 gensim,然后通过 word2vec 函数,以句为单位,分别在专业领域双语平行语料库英文子库和通用英语语料库中对模型进行训练。

由于模型的训练在两库中分别展开,因此会形成两个不同的向量空间,每个词在向量空间中均由一个独一无二的词向量表示。即使一个词语在两库中同时出现,其词向量因处于两个不同的向量空间而不能进行直接比较。因此,我们将专业领域双语平行语料库英文子库和通用英语语料库中候选词的词向量进行间接比较。

记 V_1 为专业领域双语平行语料库英文子库中各词所形成的向量空间,V_2 为通用英语语料库中各词所形成的向量空间,如果候选词 W 与词语{w_1, w_2, …, w_n}在向量空间 V_1 中距离相近,同时候选词 W 与词语{w_1, w_2, …, w_n}在向量空间 V_2 中距离也相近,那么候选词 W 在两库中具有语义上的相似性,即不存在专业通用词的特征。反之,则存在专业通用词的特征。

(4) 专业通用词提取模块。将候选词 W 在 V_1 中与{w_1, w_2, …, w_n}的平均相似度同该词在 V_2 中与{w_1, w_2, …, w_n}的平均相似度进行比较,同时设定阈值,并将小于该阈值的词语提取出来。"算法设计"(2)中所筛选的所有候选词均按(3)的方法进行计算,然后按照(4)的方法来提取。由此可得到一组专业通用词。

4) 提取例证

国际财务报告准则语料库收录了国际会计准则理事会(IASB)于 2015 年发布的《国际财务报告准则》及其附带文件(包括国际会计准则、国际会计准则解释公告和国际财务报告准则解释公告)中的 12 653 个中英句对,其中英文部分为 IASB 发布的准则原文,中文部分由中国会计准则委员会翻译,经上海财经大学部分教师和四大会计师事务所(德勤华永会计师事务所、毕马威华振会计师事务所、普华永道中天会计师事务所和安永华明会计师事务所)审校,是国际财务报告准则基金会认可的官方译本。

国际财务报告准则语料库具有较高的语料质量,总库容达到 827 397 个字词,适合进行大规模语料的数据挖掘。同时,国际财务报告准则属于财经领域的文本,其用词具有典型的专业特征,并且符合法律准则类文本的语言规范。基于此,本文选用该语料库对专业通用词提取算法的应用加以说明。

所提取的专业通用词如表 8.1 所示。

表 8.1　专业通用词提取结果(字母顺序排列)

序号	提 取 词 汇	日 常 含 义	专 业 含 义
1	acquire	获得	购买,收购
2	advance	前进,推进	预付款
3	appreciation	升值	溢价
4	balance	平衡	余额,表外(off-balance)
5	benefit	益处,利益	给付,优惠
6	body	身体,主体	机构
7	book	书本	组,组合
8	carry	运载,携带	账面
9	constructive	建设性	推定的
10	contribute	贡献	提存,缴入
11	contribution	贡献	提存金
12	current	当前的	流动的
13	exercise	运动,运用	行权
14	fair	公平	公允
15	forward	向前	远期
16	future	未来	期货
17	length	长度	公平(arm's length)
18	material	材料	重要的

续表

序号	提 取 词 汇	日 常 含 义	专 业 含 义
19	narrow	狭窄	严格的,明确的
20	offer	提供	要约,提议,发行募集
21	option	选择	期权
22	outstanding	杰出的,重要的	发行在外,未偿付
23	performance	表演,表现	履约
24	principal	主要的	本金
25	said	所说的	上述,所述
26	satisfaction	满意	清偿债务,履行义务
27	share	分享	股份
28	spot	地点	即期
29	spread	传播	差额
30	strike	击打	成交,行权
31	translate	翻译	折算
32	vehicle	交通工具,手段	主体,工具
33	write	书写	签出,核销(write-off)

从表 8.1 中可以看出,应用算法所提取的词汇均为通用词汇,但在《国际财务报告准则》中的含义与日常普通含义有所差别,这种差别一方面由语料所在的专业领域决定,另一方面由语料的文本属性决定。因此,相关词汇可以分为两类:一类是由于通用词与金融财会领域结合而具有特殊含义,该类词汇一般可以转化为标准化术语,例如 forward(远期)、future(期货)、option(期权)等;另一类则是由于《国际财务报告准则》具有法律、法规的文本属性而使通用词被赋予了特殊含义,例如 performance(履约)、constructive(推定的)、offer(要约)等。相比第一类专业通用词,该类词汇的含义更为多样,搭配也更为灵活,因此不容易转化为标准化术语。从数量上来看,第一类专业通用词的数量多于第二类专业通用词。

例 1 和例 2 以 book 一词为说明对象,通过分析与评价模块的脚本在国际财务报告准则语料库中检索 book,其义项共有两个:① 账簿,② 组合。

【例 1】When an entity keeps its books and records in a currency other than its functional currency, at the time the entity prepares its financial statements all amounts are translated into the functional currency in accordance with paragraphs 20‒26.

译文：如果一个主体以功能货币以外的货币登记账簿和记录，则在主体编制其财务报表时，所有金额都要按照第 20 段至 26 段的规定折算为功能货币。

【例 2】The issuer will suffer a loss on those individual contracts for which policyholders die early, even if there is no overall loss on the whole book of contracts.

译文：承包人会在投保人较早死亡的个别合同上遭受损失，即使整个合同组合没有总体上的损失。

《柯林斯 COBUILD 英汉双解词典》中 book 共有九个义项：① 书；② （一）封，（一）纸板；③ 预约；④ 客满；⑤ 做笔录；⑥ （足球裁判）记名警告（严重违规的球员）；⑦ （公司的）账簿；⑧ 赌博（用于部分短语时）；⑨ 在短语中出现时的其他含义。例 1 中 book 译为"账簿"，语料库中 book 取该义项的情况还有 book value（账面价值）、book amount（账面金额）、book cost（账面成本）等。例 2 中 book 的含义比较特殊，超出了《柯林斯 COBUILD 英汉双解词典》给出的九个义项。通过检索可以发现，当 book 与 contract 搭配时（contract book 或 book of contracts）才具有"组合"的含义。而"整个合同组合"可译为"whole book of contracts"或"entire book of contracts"。

5）问题思考

第一，该算法的提取结果有助于缺乏某一专业领域翻译经验的工作者在进行相关专业翻译时关注该类词汇，同时从专业领域双语平行语料库中提取专业通用词来进行学习也是提升翻译能力、强化翻译质量的重要手段。

第二，本节作为专业通用词提取算法的设计初探，还存在诸多不足之处。该算法仍有待优化，以提高提取的精度。后续研究将在以下三个方面展开：

- 对算法模型中的阈值进行设定，并研究阈值与提取精度之间的相关性，以提高提取精度；
- 对语料规模与提取精度之间的相关性展开研究，在实现大规模语料专业通用词高精度提取后，试图改进算法以提高其在小规模语料库中进行专业通用词提取的适用性；
- 基于专业通用词提取算法开发软件或应用，以方便高校研究人员、学生和职业译员的使用。

参考文献

［1］LEI L & LIU D. 2018. Research trends in applied linguistics from 2005 to 2016：A bibliometric analysis and its implications ［J］. Applied Linguistics（amy003）：1 - 23.

［2］MIKOLOV T，SUTSKEVER I，CHEN K，CORRADO G & DEAN J. 2013. Distributed representations of words and phrases and their compositionality［R］. Stateline，United States of America：Conference on Advances in Neural Information Processing Systems.

［3］SWAMYNATHAN M. 2017. Mastering Machine Learning with Python in Six Steps — A Practical Implementation Guide to Predictive Data Analytics Using Python［M］. New York：Apress.

［4］管新潮,陶友兰. 2017. 语料库与翻译［M］. 上海：复旦大学出版社.

［5］管新潮. 2017. 专业通用词与跨领域语言服务人才培养［J］. 外国语(5)：106.

［6］李克兴,张兴红. 2006. 法律文本与法律翻译［M］. 北京：中国对外翻译出版公司.

［7］谭卫国,蔡龙权. 2008. 旅游英语的语言特点与翻译［M］. 上海：上海交通大学出版社.

附录1
与本书相关的加载模块与函数命令对应表

模　块	函数命令	说　明
from _future_ import division	len(set(myfiles)) / len (myfiles)	浮点数计算
from nltk import FreqDist	FreqDist( )	词频排序
from nltk import ngrams	ngrams( )	提取 N 连词
from nltk import word_tokenize	word_tokenize( )	分词处理
from nltk.book import *		加载 NLTK 固有语料库
from nltk.corpus import brown	brown.tagged_sents( )	读取经词性标注的 Brown 语料库
from nltk.corpus import brown	brown.categories( )	显示布朗语料库的文体类型
from nltk.corpus import inaugural	inaugural.fileids( )	读取 inaugural 语料库中的相应文本
from nltk.corpus import inaugural	inaugural.words( )	对 inaugural 语料库做分词处理
from nltk.corpus import PlaintextCorpusReader	PlaintextCorpusReader( )	加载纯文本语料库阅读器
from nltk.corpus import stopwords	set(stopwords.words ('english'))	加载停用词模块
from nltk.corpus import stopwords	stop_words.update( )	添加自定义停用词

续表

模　　块	函　数　命　令	说　　明
from nltk.corpus import treebank	treebank_chunk.chunked_sents()	读取宾州树库标注结构
from nltk.corpus import wordnet	synset.definition()	显示 WordNet 词典
from nltk.stem import WordNetLemmatizer	lemmatize()	还原词形
from nltk.tokenize import TreebankWordTokenizer	TreebankWordTokenizer()	分词处理
from nltk.tokenize import word_tokenize	word_tokenize()	分词处理
from pattern.en import tag	tag()	词性标注
from PIL import Image	Image.open()	打开自定义图形文件
from scipy.stats import chisquare	stats.chi2_contingency()	用于卡方检验
from string import punctuation	if word not in punctuation	清除文本中的标点符号
from tabulate import tabulate	tabulate()	绘制表格
from wordcloud import ImageColorGenerator	ImageColorGenerator()	生成自定义图形
from wordcloud import WordCloud	WordCloud().generate()	生成词云图
import codecs	codecs.open()	创建一个符合编码要求的文件
import docx	docx.Document()	打开相应的 docx 文件
import docx	doc.paragraphs	读取 docx 文本
import jieba	jieba.lcut()	分词后可直接返回链表
import jieba.analyse	jieba.analyse.extract_tags()	中文分词后提取关键词
import jieba.analyse	textrank()	提取关键词
import matplotlib.pyplot	plt.imshow()	显示二维图形
import nltk	nltk.Text()	把链表转换成 NLTK 文本
import nltk	nltk.pos_tag()	词性标注

续表

模　　块	函　数　命　令	说　　明
import nltk	nltk.UnigramTagger()	训练一元标注器
import nltk	nltk.ConditionalFreqDist()	创建条件频率分布
import numpy	numpy.array()	图形矩阵运算
import numpy	numpy.arange()	图形矩阵运算
import os	os.listdir()	列出当前目录下的所有文件
import xlrd	xlrd.open_workbook()	打开相应的 xlsx 文件
import xlsxwriter	xlsxwriter.Workbook()	创建一个用于输出的 xlsx 文件

附录 2
Python2 和 Python3 部分代码对比

Python2	`corpus_root = r"D:\python test\1"`	Python3 读取文件夹时无需输入命令符,如"r"
Python3	`corpus_root = "python practise"`	

Python2	`text = open(r'D:\python test\1\total book1.txt')`	Python3 导入文件时需要编码处理,在文件名后添加 encoding = "utf-8"
Python3	`text = open("practise/en.txt", encoding = "utf-8")`	

Python2	`import docx`
	`doc1 = docx.Document(ur'D:\python test\book1.docx')`
	`doc2 = doc1.paragraphs[0].text`
	`doc3 = doc2.split()`
		加载 import docx 模块之前,Python2 需安装 python-docx 工具包(pip install python-docx)或 docx 工具包(pip install docx),而 python3 只能安装 python-docx 工具包(pip install python-docx)

Python3	`import docx`
	`doc1 = docx.Document("python practise/123.docx")`
	`doc2 = doc1.paragraphs[0].text`
	`doc3 = doc2.split()`	

Python2	`print text`	Python3 输出界面内容时须添加圆括号
Python3	`print(text)`	

Python2	`fc = open(r'D:\Chinesecopyrightlaw_chn_1.txt')` `fe = open(r'D:\Chinesecopyrightlaw_chn_eng_1.txt')`	

Python2	```text_c = fc.readlines()\ntext_e = fe.readlines()\nccc = ''\nfor i in range(len(text_c)):\n ccc += text_e[i] + text_c[i] + '\n'\nf = open(r"D:\align_f2.txt", "w")\nf.write(ccc)\nf.close()```	两段代码的输出结果相同，但代码本身有三处不同：一是无论输出和输出（两处），Python3 均需编码处理（encoding = 'utf-8'），而 Python2 无此必要；二是遍历代码的区别，Python2 仅为一行代码，Python3 需要两行
Python3	```en_file = open('en.txt', encoding='utf-8')\nzh_file = open('zh.txt', encoding='utf-8')\nen = en_file.readlines()\nzh = zh_file.readlines()\nen_file.close()\nzh_file.close()\nresult = ''\nfor i in range(len(en)):\n result += en[i].strip() + '\n'\n result += zh[i].strip() + '\n\n'\noutput = open('output.txt', 'w', encoding='utf-8')\noutput.write(result)\noutput.close()```	

Python2	`raw_input()`	键盘输入数据的函数区别
Python3	`input()`	

Python2	`range()`	创建整数链表的函数区别
Python3	`list(range())`	

Python2	```from __future__ import division\n10 / 8```	Python2 计算浮点数需要加载模块 from __future__ import division，而 Python3 无此必要
Python3	`10 / 8`	

Python2	```import jieba\nstop_words = {}.fromkeys(['的', '包括', '等', '是', '和', '与', '以', '为', '。', '，', '、'])```	Python2 导入代码内含的停用词时须使用函数 {}.fromkeys([])
Python3	```import jieba\nstop_words = {'的', '包括', '等', '是', '和', '与', '以', '为', '。', '，', '、'}```	

Python2	`import jieba`
	`stop_words = {}.fromkeys([line.strip() for`
	`line in open(ur " D:\python test\chinese_`
	`stopwords.txt")])`
		Python3 导入文件停用词时须经编码处理

Python3	`import jieba`
	`stop_words = {}.fromkeys([line.strip() for`
	`line in open(" chinese _ stopwords. txt ",`
	`encoding = " utf - 8")])`	

Python2	`for i in seg_text:`
	`    i = i.encode('utf - 8')`
	`    if i not in stop_words:`
	`        final + = i + " "`
	`print final`
		遍历中文内容时 Python2 须经编码处理,而 Python3 无此必要

Python3	`for i in seg_text:`
	`    if i not in stop_words:`
	`        final.append(i)`
	`print (final)`	

附录*3*
部分 NLTK 固有语料库

本附录列出部分相关的 NLTK 固有语料库,其均可通过 nltk.download( ) 下载并使用(详见 http://www.nltk.org/nltk_data/)。

语料库加载方法,例如加载布朗语料库:from nltk.corpus import brown

语料库名称	说明(其中的 id 为加载语料库的名称)
Brown Corpus	id:brown; size:3314357; author:W. N. Francis and H. Kucera; license:May be used for non-commercial purposes.
Brown Corpus(TEI XML Version)	id:brown_tei; size:8737738; author:W. N. Francis and H. Kucera; license:May be used for non-commercial purposes.
CESS - CAT Treebank	id:cess_cat; size:5396688; license:If you use these corpora for research, please cite thusly:CESS-Cat project(M. Antonia Martí, MarionaTaulé, Lluís Márquez, Manuel Bertran(2007)? CESS - ECE:A Multilingual and Multilevel Annotated Corpus? in http://www.lsi.upc.edu/~mbertran/cess-ece/publications).
CESS - ESP Treebank	id:cess_esp; size:2220392; license:If you use these corpora for research, please cite thusly:CESS - Cat project(M. Antonia Martí, MarionaTaulé, Lluís Márquez, Manuel Bertran(2007)? CESS - ECE:A Multilingual and Multilevel Annotated Corpus? in http://www.lsi.upc.edu/~mbertran/cess-ece/publications).
City Database	id:city_database; size:1708.
CONLL 2002 Named Entity Recognition Corpus	id:conll2002; size:1867449.

语料库名称	说明（其中的 id 为加载语料库的名称）
Sample European Parliament Proceedings Parallel Corpus	id：europarl_raw；size：12594977；author：Philipp Koehn，University of Edinburgh.
Project Gutenberg Selections	id：gutenberg；size：4251829；copyright：public domain；license：public domain.
C-Span Inaugural Address Corpus	id：inaugural；size：321354；copyright：public domain；license：public domain.
MASC Tagged Corpus	id：masc_tagged；size：1602143；author：Nancy Ide；copyright：Copyright（C）2014 American National Corpus；license：This data may be used for the purposes of linguistic education，research，and development，including commercial development.
Names Corpus, Version 1.3（1994-03-29）	id：names；size：21326；author：Mark Kantrowitz and Bill Ross；copyright：Copyright（C）1991 Mark Kantrowitz；license：You may use the lists of names for any purpose, so long as credit is given in any published work. You may also redistribute the list if you provide the recipients with a copy of this README file. The lists are not in the public domain（I retain the copyright on the lists）but are freely redistributable. If you have any additions to the lists of names，I would appreciate receiving them.
Open Multilingual Wordnet	id：omw；size：12103570；author：Francis Bond；copyright：Please consult the copyright statements of the individual Wordnets；license：Please consult the LICENSE files included with the individual Wordnets. Note that all permit redistribution.
Penn Treebank	id：ptb；size：6289；copyright：Copyright（C）1995 University of Pennsylvania；license：This is a stub for the full Penn Treebank Corpus version 3.
The Reuters-21578 benchmark corpus, ApteMod version	id：reuters；size：6378691；license：The copyright for the text of newswire articles and Reuters annotations in the Reuters-21578 collection resides with Reuters Ltd. Reuters Ltd. and Carnegie Group, Inc. have agreed to allow the free distribution of this data * for research purposes only *. If you publish results based on this data set, please acknowledge its use, refer to the data set by the name 'Reuters-21578, Distribution 1.0', and inform your readers of the current location of the data set.

续表

语料库名称	说明(其中的 id 为加载语料库的名称)
SentiWordNet	id：sentiwordnet；size：4686546；author：Stefano Baccianella, Andrea Esuli, and Fabrizio Sebastiani；copyright：Copyright (C) 2013 SentiWordNet Project；license：Creative Commons Attribution ShareAlike 3.0 Unported license.
Shakespeare XML Corpus Sample	id：shakespeare；size：475458；copyright：public domain；license：public domain.
Stopwords Corpus	id：stopwords；size：17481.
Penn Treebank Sample	id：treebank；size：1740034；copyright：Copyright (C) 1995 University of Pennsylvania；license：This is a 10% fragment of Penn Treebank, (C) LDC 1995. It is made available under fair use for the purposes of illustrating NLTK tools for tokenizing, tagging, chunking and parsing. This data is for non-commercial use only.
VerbNet Lexicon, Version 2.1	id：verbnet；size：323661；author：Karin Kipper-Schuler；license：Distributed with permission of the author.
Web Text Corpus	id：webtext；size：646297.

附录 4
汉英对照术语表

编程语言	programming language
标点字符	punctuation character
标注	tagging
宾州树库	Penn Treebank
不可变对象	immutable object
词袋	bag of words
词干	word stem
词汇相似性	lexical similarity
词频	word frequency
词频-逆文本频率	term frequency-inverse document frequency（TF - IDF）
词向量	word vectorization
词形	wordform
词形还原	lemmatization
词性	parts of speech（POS）
词性标记	POS tag
词性标注	parts of speech tagging；POS tagging
词性标注器	POS tagger
词序	word order
词义消歧	word sense disambiguation
词元	lemma；word lemma
大小写转换	case conversion
大写	uppercase
代码段	code snippet
代码块	code block
代码流	code flow
当代美国英语语料库	Corpus of Contemporary American English（COCA）
递归函数	recursive function
迭代器	iterator

认知学习	cognitive learning
三连词	trigram
上下文关键词	key word in context（KWIC）
深度学习	deep learning
术语相似性	term similarity
数据集	dataset
数据结构	data structure
数据类型	data type
数据挖掘	data mining
数据准备	data preparation
数学表达式	mathematical representation
数值	numeric value
双连词	bigram
算法	algorithm
缩进	indentation
缩写	contraction
索引	indexing
特征提取	feature extraction
提取词干	stemming
条件代码流	conditional code flow
条件结构	conditional construct
停用词	stopword
伪代码	pseudocode
文本标准化	text normalization；text standardization
文本分类	text categorization；text classification
文本分类器	text classifier
文本分析	text analytics
文本聚类	text clustering
文本切分	text tokenization
文本清洗	text cleansing
文本数据	textual data
文本挖掘	text mining
文本文件	text document
文本相似性	text similarity
文本语料库	text corpora
文本预处理	text preprocessing
文件聚类	document clustering
无监督学习	unsupervised learning
向量空间	vector space
小写	lowercase

信息检索	information retrieval（IR）
形符	token
形容词短语	adjective phrase
序列	sequence
循环	looping
循环结构	looping construct
训练	training
训练数据	training data
依存句法分析	dependency parsing
依存语法	dependency grammar
已标注短语	annotated phrase
英国国家语料库	British National Corpus（BNC）
语料库标注	corpora annotation
语言习得	language acquisition
语言学	linguistics
语义网	semantic network
语义相似性	semantic similarity
语义学	semantics
阈值	threshold value
元组	tuple
圆括号	parentheses
长字符串	long string
召回率	recall
整数	integer
转义序列	escape sequence
准确率	accuracy
子串	substring
自然语言处理	natural language processing（NLP）
自然语言工具包	natural language toolkit（NLTK）
自学习系统	self-learning system
字典	dictionary
字符	character
字符串	string
字符串格式化	string formatting
字符串链接	string concatenation
字符串替换	string replace

索 引